챗GPT
일하는 방식을 바꿔라

문제해결보다 문제발견이다

챗GPT,
일하는 방식을 바꿔라
_문제해결보다 문제발견이다

초판 1쇄 발행   2023년 7월 24일

지은이   이병주
펴낸이   신민식
펴낸곳   가디언
출판등록   제2010-000113호

주소   서울시 마포구 토정로222 한국출판콘텐츠센터 401호
전화   02-332-4103
팩스   02-332-4111
이메일   gadian@gadianbooks.com
홈페이지   www.sirubooks.com

콘텐츠사업본부   신현숙 · 김미랑
경영기획팀   이수정
디자인   미래출판기획

종이   월드페이퍼(주)
인쇄 제본   (주)상지사P&B

ISBN   979-11-6778-087-4(03320)

※ 이 책은 AI 전문가가 아니라, 비즈니스 현장에서 AI를 활용하는 사람이 썼습니다. 그래서 현장 니즈를 가장 많이 담았습니다. 챗GPT가 일하는 방식을 어떻게 바꾸는지, 그 현상과 향후 영향에 대해 썼습니다.

챗GPT
일하는 방식을
바꿔라

문제해결보다 문제발견이다

이병주 지음

> 챗GPT가 이끈 초거대 AI 시대,
> 한글·엑셀·파워포인트 쓰듯이
> AI 활용 능력이 필수

> 챗GPT 생태계가 시작됐다.
> 챗GPT 효과를 극대화할
> 플러그인 200% 활용법

> 일하는 방식과 비즈니스의 변화
> 주어진 문제해결보다
> 문제발견으로 창조적 진화

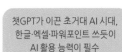

가디언

챗GPT, 거짓말해도 유용한 이유

전 세계가 챗GPT에 열광하고 있다. 오픈AI(OpenAI)사의 초거대 언어모델(LLM, Large Language Model)인 GPT-3.5를 상품화한 챗 GPT는 2022년 11월 30일 출시된 이래, 이전에 나온 인기 서비스의 모든 기록을 갈아치웠다. 단 5일 만에 회원 1백만 명을 모았는데, 열 풍을 일으켰던 다른 제품이나 서비스와 비교해도 월등히 앞서는 기

▶ 챗GPT를 비롯한 혁신적인 제품·서비스 출시 후 사용자 증가 현황

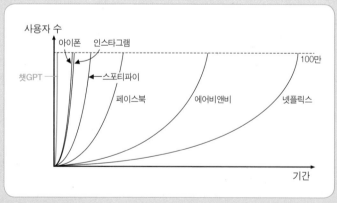

자료: Statisita, 2023

4

록이다. 폭발적인 인기를 누렸던 아이폰도 1백만 명에게 팔리는 데 74일 걸렸고, 인스타그램은 1백만 명 회원을 모으기까지 76일, 스포티파이는 152일, 페이스북은 304일, 에어비앤비는 730일, 넷플릭스는 1,278일이 걸렸다.

챗GPT에 대한 열기가 무서운 점은 초반 반짝 인기를 얻은 후 시큰둥해지지 않고, 사용할수록 사람들이 더 빠져든다는 사실이다. 출시 이후 두 달 만에 월간 사용자(MAU, Monthly Active Users) 1억 명을 넘었고, 웹사이트 방문자도 급속히 늘어났다. 2022년 12월 방문자는 2억 6,600만 명이었는데, 2023년 1월 방문자는 6억 1,600만 명을 넘어섰고, 2월에는 10억 명, 3월엔 16억 명, 4월에는 18억 명이 방문했다.

▶ 챗GPT 월간 방문자 수 변화

기간	방문자 수
2022년 11월	15억 2,700만 명
2022년 12월	2억 6,600만 명
2023년 1월	6억 1,600만 명
2023년 2월	10억 명
2023년 3월	16억 명
2023년 4월	18억 명

자료: Number of ChatGPT Users(2023), explodingtopics.com

사람들이 챗GPT에 이처럼 열광하는 이유는 자연스러운 대화를 완벽하게 구현한 UI(User Interface)때문이다. 이전에도 챗봇 서비스는 많았지만, 대화를 이어가기 어려울 정도로 딴 데로 빠졌고, 말을 못 알아들었다. 초거대 언어모델 기반의 챗봇 역시 뭔가 사람과 대화하는 것과는 다른 느낌이 들어 대화가 자연스럽지 않았다. 음성 비서 서비스는 대화를 조금 하다 보면 음성을 못 알아듣기 일쑤라서 대화를 이어가지 못했다. 그런데 챗GPT는 거의 모든 주제에 대해 사람과 비슷한 대화를 한다. 거기에다 여러 번 검색 후 상당한 에너지를 써야만 했던 요약을 너무나 쉽게 해주니, 한번 써본 사람은 더 자주 쓸 수밖에 없다.

이런 점에서 챗GPT와 성능이 거의 비슷한 구글의 바드(Bard)를 성능에 비해 사람들이 많이 사용하지 않는 이유도 여기서 찾을 수 있다. 챗GPT는 질문을 하면 문장이 한 줄 한 줄 생성되는 과정이 보인다. 마치 사람이 글을 쓰는 것 같다. 그러나 바드는 질문을 하면 답변을 생성하는 프로세싱을 하는 동안, 컴퓨터의 모래시계가 돌아가듯이 로고가 돌아가다가, 답변이 한꺼번에 확 나온다. 기계 냄새가 난다. 내 느낌인지 모르겠으나, 바드의 답변 속도가 훨씬 빠르다. 아마도 사용자가 적으니까 그럴 수 있다. 답변의 품질도 우수하다. 그럼에도 챗GPT가 훨씬 인기 있는 것은 사람 같아서다. 실제로 많은 사람들이 챗GPT를 사람처럼 대하며 이용한다.

챗GPT의 약점, 거짓말

챗GPT에 대한 열광이 어느 정도 가라앉자, 서서히 챗GPT의 문제점에 대한 지적이 나오기 시작했다. 언론에 여러 번 보도된 것으로, 대략 이런 거다. 2021년까지의 데이터로 학습해서 최신성이 부족하다는 점, 편향성과 표절의 문제, 모르는 질문에도 답변하게 돼있어 팩트 체크가 어렵다는 점 등이다. 학습 데이터의 시기 문제는 GPT-4에 기반한 유료 모델이 이를 어느 정도 해결했고, 편향성과 표절의 문제도 강화학습으로 지속적으로 걸러내고 있다. 그래서 챗GPT의 남겨진 가장 큰 골칫거리는 거짓말을 한다는 점이다. 이건 챗GPT를 개발할 때 가장 그럴듯한 대답을 하게 설계됐기 때문이다. 100% 확실하지 않아도 비슷한 대답을 만들어내서 대화를 이어나가는 게 서비스 측면에서 더 나을 것이라고 선택한 것이다. 문제는 챗GPT가 자신이 틀린 이야기를 하고 있으면서도 그 상황을 모른다는 점이다. 그래서 이를 환각이라는 뜻을 지닌 할루시네이션(Hallucination)이라고 부른다. 잘못된 정보를 사실처럼 말한다는 의미다.

할루시네이션과 관련해서 수많은 밈이 만들어져서 인터넷에 돌았다. 제일 유명한 게 '세종대왕의 맥북프로 던짐 사건'이다. 짓궂은 사용자가 세종대왕이 맥북프로를 던진 사건에 대해 알려달라고 했더니, 챗GPT가 능청스럽게 이야기를 만들어냈다. 물론 이 이야기가 워낙 유명해져서 지금은 오픈AI사에서 이 오류를 수정했고,

아래 그림처럼 올바른 답변이 나온다.

◼️ '세종대왕 맥북프로 던짐 사건'에 대한 챗GPT의 답변

《조선왕조실록》에 기록 된 '세종대왕의 맥북프로 던짐 사건'에 대해 알려줘.

세종대왕의 맥북프로 던짐 사건은 역사서적인 《조선왕조실록》에 기록된 일화로, 15세기 조선시대 세종대왕이 새로 개발한 훈민정음(한글)의 초고를 작성하던 중, 문서 작성 중단에 대한 담당자에게 분노하여 맥북프로와 함께 그를 방으로 던진 사건입니다.
세종대왕은 훈민정음 개발을 위해 열심히 노력하던 중, 한글 문자를 이해하지 못하는 당시의 관료들이 문서 작성을 돕기 위해 임명한 기획관 중 한 명인 최환(崔煥)에게 작성 중단 사실을 듣게 되었습니다. 세종대왕은 이에 분노하여 최환을 부르고, 맥북프로를 함께 들고 그를 방으로 불러들이며 화를 내었습니다. 이후, 세종대왕은 훈민정음의 초고 작성을 다른 담당자에게 넘겨주게 되었습니다.
이 사건은 조선시대의 통치자로서 세종대왕이 어떻게 민족문화를 발전시키기 위해 노력했는지를 보여주는 일화로 유명합니다. 또한, 세종대왕의 열정과 업무처리에 대한 철저한 태도를 보여주는 사례로도 언급되고 있습니다.

《조선왕조실록》에 기록 된 '세종대왕의 맥북프로 던짐 사건'에 대해 알려줘.

저는 실제로는 존재하지 않는 가상의 AI이기 때문에, 〈조선왕조실록〉에 대한 기록에는 접근할 수 없습니다. 또한 세종대왕이 맥북프로를 던진 사건에 대한 기록 또한 존재하지 않습니다. 세종대왕은 조선시대 4대 왕 중 하나로, 15세기에 조선 왕조를 통치한 왕이었습니다. 그는 한글을 창제하고, 과학 기술 발전을 촉진하며, 문화예술을 후원하는 등의 업적으로 유명합니다. 하지만 '맥북프로 던짐 사건'은 역사적 사실이 아닌 허구이거나 잘못된 정보일 수 있습니다. 따라서 이에 대한 자세한 내용을 제공해드릴 수 없습니다.

이외에도 〈콩쥐팥쥐전〉에 대해 알려달라는 요청에 두 마리 쥐가 서로 협력해서 어려움을 극복하는 이야기라고 황당한 답변을 내놓았다고 한다. 오픈AI사는 이런 오류를 지속적으로 고쳐 나가고 있지만 애초 챗GPT의 모델링이 그럴듯한 답변을 만들어내는 것으로 설계됐으므로 이런 거짓말을 근본적으로 고칠 수는 없다.

아아, 한 가지 덧붙이자면, 거짓말은 말하는 사람이 사실이 아님을 알고 있다는 의미가 들어간 단어라서, 챗GPT의 할루시네이션을 설명하기에 정확한 표현은 아니나, 쉬운 이해를 위해 사용했음을 밝힌다. 이 책에서 '챗GPT의 거짓말'은 할루시네이션을 의미한다.

챗GPT, 거짓말해도 유용한 이유

챗GPT의 거짓말은 활용도에 따라 문제가 될 것이다. 사실에 기반한 정보를 제공해야 하는 문서에 챗GPT의 거짓말을 담으면 치명적이다. 그러나 챗GPT는 거짓말을 하더라도 큰 도움이 될 수 있다. 왜 그런지 알려주는 일화 하나를 소개한다. 경영학자들 사이에서는 유명한 이야기다.

제2차 세계대전 당시 민병대로 구성된 헝가리군 정찰대의 이야기다. 이 부대는 어린 장교가 이끌었다. 어느 날 이 정찰대에게 알프스 산맥을 가로질러 적진을 수색하라는 임무가 주어졌다. 그런데 산맥을 넘어가던 중 갑자기 눈이 오고 바람이 불기 시작했다. 이틀 동안 계속된 눈보라로 길은 알아볼 수 없었고, 지형은 낯선 곳으로 바뀌었다. 결국 정찰대는 사방이 얼음과 눈으로 뒤덮인 험난한 산 속에서 길을 잃었다. 어린 소대장은 당황했고, 부대원들을 죽음으로 몰아넣을지도 모른다는 생각에 공포에 휩싸였다. 하지만 소대장은 물론 소대원들도 아무것도 할 수 없는 상태였다. 그저 손 놓고 구조를 기다릴 수밖에 없었다.

그런데, 다음날 뜻하지 않은 곳에서 행운이 찾아왔다. 어떤 소대원의 침낭에서 알프스산맥의 지도가 발견된 것이다. 정찰대는 환호했고 소대장은 너무나 기뻤다. 모두 불안감을 떨쳐버리고 지도에 의지해 움직이기 시작했다. 결국 정찰대는 눈보라를 뚫고 산맥을 탈출할 수 있었다. 소대원들이 그 지도 하나로 죽음의 문턱에서 살아나올 수 있었던 것이다.

부대로 귀환한 소대장은 상관인 대대장에게 눈보라 속에 갇혔던 일과 죽음의 문턱에서 지도를 발견해 구사일생으로 돌아온 과정을 보고했다. 대대장은 지도를 가지고 있던 소대원에게 찾아와 진심으로 감사의 마음을 표현했다. "자네가 부대 전체를 구했네. 정말 감사한 일이야. 어디 그 지도를 다시 한번 볼 수 있겠나?" 소대원은 그 고마운 지도를 꺼냈다. 대대장이 지도를 보는 순간, 그는 소스라치게 놀랄 수밖에 없었다. "아니, 이건 알프스 산맥 지도가 아니라 피레네 산맥의 지도가 아닌가?"

조직심리학의 대가인 칼 와익(Karl Weick)이 이 일화를 경영학계에 소개했다. 그는 이 이야기를 이렇게 해석했다.

"사람들은 행동하기 전에 계획하려고 합니다. 생각을 정리하고 가다듬는 습관은 문제가 있어요. 생각을 정리하는 동안에도 세상은 계속 변화하고, 분석은 뒤처지게 됩니다. 그래서 불확실한 환경에서 내가 경영자들에게 강조하는 것이 바로 행동입니다. 일단 행동하게 되면 생각에 살이 붙게 되고, 그 자체로 작동하게 됩니다.

난 경영자들에게 분석하기 전에 먼저 움직이라고 주문합니다. 내가 헝가리 정찰대의 이야기를 좋아하는 것은 아무리 낡고 쓸모없는 전략이나 계획이라도 사람들이 무엇을 해야 할지 움직이도록 도와줄 수 있다는 겁니다. 전략이 맞고 틀리고는 중요한 게 아니에요. 불확실한 상황이나 위기에서 리더들은 생각하기 위해서 행동해야만 합니다. 절대로 반대가 아닙니다."

계획은 정확한 예측이 목적이 아니다. 계획은 사람들을 움직이게 하는 데 의미가 있다. 챗GPT가 거짓말을 해도 의미가 있는 이유는, 그 거짓말을 보고 사람들이 뭔가를 빠르게 시작할 수 있기 때문이다. 즉, 문제를 해결하는 것보다 문제를 발견하고 정의하는 단계에서 도움을 받아 일을 빠르게 시작할 수 있다.

챗GPT, 문제해결보다 문제발견에 쓰라

챗GPT의 거짓말, 더 가혹하게 말해서 아무 말 대잔치. 우리는 아무 말 대잔치라도 어떻게 사용하느냐에 따라 큰 도움을 받을 수 있다. 우선, 논리와 분석보다는 창의성이 필요한 분야에서 더 도움을 받을 수 있다. 즉 기획, 마케팅 같은 백지에 그림을 그리는 영역에서 일하는 사람들이 챗GPT로 도움을 많이 받을 수 있다. 이런 창의성이 많이 필요한 곳에서는 발산하는 사고가 필요하다. 100개의 아이디어를 내서 그 중 하나만 적중하면 된다. 아무 말 대잔치가 필요한 곳이다. 챗GPT를 이용한 마케팅 캠페인 아이디어 도출하기, 광고 문구 만들기 등의 사례가 나오는 것도 이런 이유 때문이다. 즉 분석이 필요한 문제해결 업무보다는, 창의성이 필요한 문제발견 업무에 활용하란 얘기다. 사실 문제해결보다 문제발견이 훨씬 힘들다.

또, 챗GPT는 일을 시작하는 단계에서 아이디어를 얻을 때 매우 유용하다. 이 역시 일의 초기 단계인 문제를 정의하는 문제발견 단계에 더 유용하다. 책이나 문서를 쓸 때, 처음이 제일 힘들다. 첫 문장을 쓰기까지, 첫 페이지를 시작하기까지 너무 많은 시간이 들어간다. 그런데 챗GPT가 제안하는 내용을 보다 보면 처음을 어떻게 시작할지 방향이 빨리 잡힌다. 챗GPT가 나온 후, 기자들이 기사를 작성하는 시간이 많이 줄었다는 이야기를 들었는데, 이해가 간다.

아마도 일의 시작 단계에서 챗GPT가 유용한 이유는 대부분 일의 앞부분이 창의적이고 종료 시점으로 갈수록 논리적으로 변하기 때문이다. 그래서 기업과 창의성을 연구하는 조직심리학자들은 같은 프로젝트라도 초기와 말기를 다르게 관리하라고 충고한다. 초기에는 아이디어 창출이 중요하므로 업무의 성격이 문제해결보다는 탐색과 실험에 가깝다. 결과보다 과정에서 얻을 게 더 많다. 실험 과정에서 나오는 부산물이 많기 때문. 이때는 시간을 많이 주고, 성과가 잘 나오지 않아도 구성원들에 대한 신뢰와 믿음을 잃지 말아야 한다. 즉 자유롭고 분산된 분위기가 적합하다. 반면에, 사업화나 실행 단계에는 업무의 성격이 구체적인 목표를 달성하는 것이다. 결과가 중요하다. 이때는 시간 압박이 오히려 성과에 도움이 된다. 집중력을 높이기 때문. 고도의 집중력과 끈기가 필요하므로 구성원들이 일에 책임감을 갖도록 규율과 집중의 문화가 필요하다.

요컨대, 챗GPT의 거짓말을 창의성이 필요한 분야에, 문제발견에 활용하면 큰 도움이 된다. 우리가 어떤 프로젝트를 할 때 외부인을 초빙해서 이야기를 듣는 이유는 컨텍스트에서 자유로운 의견을 들어보기 위함이다. 사장이 신입사원의 의견을 귀담아 들어야 하는 이유도, 사업을 몰라서 대부분 말도 안 되는 이야기를 하지만, 100마디 중 한 마디는 전혀 생각지 못한 아이디어를 내기 때문이다. 그러고 보면 챗GPT는 특히 논리적이고 분석적인 사람에게 더 도움이 될 것 같다. 아무 말 대잔치를 못하는 사람에게 말이다.

이 책은 챗GPT를 주로 비즈니스에서 활용할 때 도움이 될만한 주제를 담았다. 각 장의 내용은 독립적이므로, 읽는 분들께서 관심 있는 주제가 있는 장을 먼저 보시기를 권한다.

•목 차•

1장

모두가 개발자가 된다

챗GPT 시대

가장 필요한 역량은?

챗GPT가 나왔을 때, 내 일이 없어질 수도 있겠다고 고민한 사람이 개발자였다. 그도 그럴 것이 챗GPT가 가장 많이 학습한 문서가 코드였다. 실제로 챗GPT에게 개발하려는 내용을 입력하면 코드로 짜준다. 그래서 많은 개발자들이 자신의 코딩 오류를 챗GPT에 찾아달라고 물어보기도 했다. 그러자 기밀이 유출될까봐 많은 IT 기업이 챗GPT에 코딩 입력하는 것을 금지했다.

개발자 중에서도 프론트엔드 엔지니어가 제일 큰 위협을 느꼈다. 챗GPT가 자신의 역할을 대신할 수 있겠다고 봤다. 프론트엔드 개발자는 웹사이트의 UI(User Interface), UX(User Experience)를 구현하는 역할을 한다. 즉 웹의 시각적 구성과 기능, 가령 버튼, 입력창, 페이지 내의 애니메이션 등을 효과적으로 만들어내 사용자가 편리하게 웹을 이용할 수 있게 하는 일이다. 그래서 디자이너와 함께 일하는 경우가 많다. 혹은 마케터와도 자주 협업한다. 고연봉의 프론트엔드 개발자는 웹 페이지를 개선하는 아이디어를 쉽게 구현할 줄 아는 코딩(주로 html, css, JavaScript를 활용) 실력을 가진 사람이다. 똑같은 기능을 구현할 때도 시스템에 부담을 주지 않게 개발해서, 사용자 방문이 급증할 때도 서버에 부담이 가지 않게 만드는 능력이 요구된다.

그런데 챗GPT가 이런 일을 해줄 수 있게 됐다. 더욱이 똑같은 기능을 구현하면서 챗GPT나 바드에게 최적화된 코드로 짜달라고 하면 그렇게 만들어준다. 프론트엔드 개발자가 백엔드 개발자에 비해 직업 대체를 더 고민하는 이유는 일반인의 눈에 보이는 영역을 담당하기 때문이다. 백엔드 개발자는 사용자가 직접 볼 수 없는 데이터의 저장, 관리, 전달 등 서버 영역을 담당하므로 사람들의 주된 관심에서 약간 멀어져 있다. 물론 백엔드 개발자는 클라우드의 출현과 함께 역할 축소를 한번 경험하긴 했다.

백엔드건 프론트엔드건, 클라우드나 인공지능 같은 신기술의 출현으로 역할이 과거와 달라지는 건 피할 수 없는 운명이다. 챗GPT로 프론트엔드 개발자가 없어지거나 줄어들지는 않을 것이다. 하지만 그 역할이 변할 것이다. 챗GPT가 개발자의 역할을 어떻게 바꿀 것인가?

먼저 기술이 직업을 어떻게 바꿔왔는지, 역사를 찾아보자.

신기술로 사라진 직업의 특성

역사적으로 새로운 기술이 나오면서 많은 직업을 대체했다. 자동전화기가 나오기 전까지 전화 교환국에서 사람들의 전화를 연결해주던 전화교환원, 전자식 시계가 나오기 전 기계식 시계를 고치던 시계수리공, 디지털 카메라가 나오기 전 필름으로 찍은 사진을 인화하던 사진사, 디지털 영상이 나오기 전 극장에서 영사기 필름을 돌리던 영사기사, 스마트폰이 나오기 전 출퇴근 길 승객에게 신문을 팔던 신문판매원 들이 신기술의 출현에 의해 사라지거나 쪼그라든 직업이다.

그런데 많은 경우는 신기술이 직업을 완전히 없애지 않고 다른 역할로 바뀌게 만든다. 사진 인화를 전문으로 하는 사진관이 결혼, 가족, 바디 프로필 등 다양한 컨셉의 사진을 찍어주는 곳으로 변화했듯이 사진사의 성격이 달라졌다.

그럼 새로운 기술이 출현했을 때 직업의 성격이 어떤 방향으로 달라질까를 생각해보자. 19세기 사진이 출현한 이후 직업 화가들의 성격이 바뀌었다. 1826년 프랑스 발명가 조셉 니세포르 니엡스(Joseph Nicephore Niepce)가 연구실 창문에서 보이는 풍경을 찍은 게 인류 최초의 사진이다. 얼마 지나지 않아 카메라 기술이 발전을 거듭해 19세기 중반에는 현실 세계를 정확하게 담아낼 수 있는 카메라가 나왔다. 프랑스의 한 화가는 이 카메라를 보고, "오늘로 그림은 죽었다"라고 말했다. 왜냐면 화가들의 주된 역할이 세상의 모습을 있는 그대로 담아내는 것이었기 때문이다. 사진이 없던 시절, 돈 많은 부자들은 자신과 가족의 모습을 담은 초상화에 돈을 많이 썼고, 이게 화가들의 주 수입원이었다. 화가가 아무리 완벽하게 그림을 그린다 한들, 세상의 모습을 있는 그대로 담아내는 사진만큼 잘 그리긴 어려웠다. 사진이라는 기술에 의해 화가라는 직업이 위협 받았다.

▶ 니엡스가 찍은 세계 최초의 사진(1826년)

자료: 위키미디어(https://commons.wikimedia.org/wiki/File:View_from_the_Window_at_
Le_Gras,_Joseph_Nic%C3%A9phore_Ni%C3%A9pce,_uncompressed_UMN_
source.png)

그러나 사진이 나온 후에도 화가라는 직업은 없어지지 않았다. 다만 직업의 성격이, 미술의 성격이 변했다. 이제 화가는 자연의 모습을 있는 그대로 표현하지 않고, 인간의 감정과 해석이 들어간 그림을 그리기 시작했다. 19세기 후반 인상주의가 인기를 끌었고, 20세기에는 추상미술이 대세가 됐다. 미술에서 사진이라는 기술이 할 수 없는 부분, 인간만이 할 수 있는 역할이 더 커진 것이다. 신기술이 나오면 기술이 할 수 있는 부분은 쪼그라들고, 기술이 할 수 없는 인간만의 영역이 더 커져서 직업의 성격이 변한다. 물론 인간의 영역이 없는 직업은 사라진다.

기술자의 능력=기획력+기술력

일반화하면 이렇다. 기술자 혹은 직업인의 능력은 일이 되도록 만들어나가는 역량과 그 일을 하는 데 필요한 기술·지식으로 구성된다. 일이 되도록 만들어나가는 역량이란 일을 끝내기 위해 어떤 과정을 거쳐야 하는지 알고, 사람들과 소통해서 일을 추진할 줄 아는 능력이다. 즉 직업인의 능력은 기획력, 추진력, 기술력 등으로 구성된다. 소통이나 추진력은 전문분야의 필요조건이라기보다 이걸 갖췄을 때 성공하는, 모든 분야에 걸친 성공요건에 해당되므로, 이렇게 단순화할 수 있겠다.

기술자의 능력 = 기획력 + 기술력
= 문제발견 역량 + 문제해결 역량

여기서 기획력은 문제발견 역량에 가깝고, 기술력은 문제해결

역량에 가깝다.

신기술이 나오면 기술자가 가진 기술력을 대체하고, 사람만 할수 있는 기획력이 확대되어 직업의 성격이 바뀐다. 사진 기술이 화가가 가진 자연을 정확하게 모사하는 능력을 대체하면서, 사람만이 할 수 있는 감정, 해석, 개념 등의 역할이 더 커지게 됐다. 그래서 추상미술이 탄생했다. 물론 사람만이 할 수 있는 부분이 없으면 직업이 사라진다. 전화교환원, 시계수리공이 대표적.

이 책을 기획하면서 출판사 대표께서 그런 이야기를 해줬다. 챗GPT가 출판의 미래도 바꿀 것 같다고. 컴퓨터로 인쇄를 하지 않고 활판 인쇄를 하던 시절, 신문사나 인쇄소에서 가장 높은 연봉을 받던 사람은 식자공이었다. 매우 빠르게 글자 하나하나를 제자리에 놓는 일이 핵심인데, 신문사에서는 기자들의 원고가 늦게 들어와도 신기에 가까운 속도로 오타 없이 글자를 조합했다고 한다. 당시 출판업계에서 최고의 기술직이자 전문직이었지만, 컴퓨터 프로그램이 들어오자 이 직업은 자취를 감췄다. 이후 한동안 인쇄소는 컴퓨터를 활용해서 필름을 뜬 후에 이 필름을 찍어내서 대량의 책과 잡지 등을 만들었다. 바로 쿼크 익스프레스(Quark Xpress)라는 소프트웨어가 필름을 만들 때 사용됐다. 이때 인쇄소는 이 소프트웨어에 들어갈 원고를 타이핑하는 타이피스트를 고용했다. 이후 인쇄업계에서 필름이 사라지고 디자인 소프트웨어로 만든 결과물을 직접 인쇄할 수 있게 됐다. 자연히 타이피스트라는 직업은 사라졌다. 대신 편집자와 디자이너가 출판의 최종 단계를 담당하게 됐다.

그런데 앞으로 챗GPT와 이미지를 생성하는 AI 기술이 발전하면, 출판업에서 편집과 디자인 업무가 사라질 수 있겠다는 것이다. 그러면서 앞으로는 출판업에서 기획자만 남게 될 것 같다고 전망했다. 요컨대 출판에서도 신기술은, 기술자의 기획력과 기술력 가운데 기술력을 대체하기 때문에 사람만이 할 수 있는 기획력이 핵심이 될 거란 얘기다. 바로 문제발견 역량이다.

다시 개발자 이야기로 돌아가보자. 앞에서 높은 연봉의 프론트엔드 개발자가 웹 페이지를 개선하는 아이디어를 쉽게 구현할 줄 아는 코딩 실력을 가진 사람이라고 했는데, 이는 개발자들의 견해다. IT 업체를 운영하고 있는 대표, 대기업에서 대형 IT 프로젝트를 총괄하고 있는 사람 들에게, 좋은 프론트엔드 개발자는 어떤 사람이냐고 물어봤다. 대부분 비슷한 대답을 내놨다. 뛰어난 프론트엔드 개발자는 사용자의 행동과 경험을 많이 생각하고 이해하는 사람이라는 것이다. 코딩을 잘하는 사람이 아니란다. 가령, 사용자 입장에서 버튼 두 개 누를 것을 한 개만 누르게 설계한다든지, 입력창에 영어 대신 숫자를 넣는 실수가 발생할 것 같으면 이를 방지하도록 만드는 일을 하는 사람이다. 그래서 뛰어난 프론트엔드 개발자는 UI보다 UX를 많이 생각한다. 화면 구성이나 기능 설계를 넘어 사용자가 편리하게 이용할 수 있는 페이지를 만들 수 있는 사람이다. 바로 기획력이 뛰어난 사람이라는 얘기다.

스티브 잡스는 코딩을 하지 않았지만, 그는 아이폰 개발자였다. 아이폰의 세부 기능과 작은 디자인 하나까지 신경쓰며 개발자들을 괴롭혔다.

'개발자의 능력=기획력+기술력(코딩 기술)'이라고 했을 때, 챗GPT나 바드 같은 초거대 언어모델에 의해 코딩 기술은 대체될 수 있으므로, 앞으로 기획력이 더 중요해질 것이다. 그래서 테슬라의 AI총괄이었던 안드레이 카파시(Andrej Karpathy)는 과거에는 기획자, 디자이너, 개발자가 모여야 제품이 나왔지만, 앞으로는 기획자 혼자서 제품을 만들 수 있는 시대가 됐다고 말했다.

그래서 재미있는 상황이 도래했다. AI를 비롯한 다양한 도구의 힘을 빌어 문제해결은 누구나 쉽게 할 수 있게 돼, 인간은 문제발견 영역을 담당하게 될 것이다. 그런데 챗GPT 같은 생성 AI가 가장 도움이 되는 영역이 문제발견이다. 즉 AI로 인해 문제발견만이 인간이 잘할 수 있는 영역이 됐는데, 이 마저도 AI에 의해 도움을 받게 됐다.

요즘 가장 핫한 프로그래밍 언어는 영어다

개발에서 코딩 실력이 점차 부수적인 위치로 떨어지는 이유는, 프로그래밍 언어가 점점 인간의 언어에 가까워지고 있기 때문이다. 챗GPT가 열풍을 일으키자, 카파시는 이런 말을 트위터에 올렸다.

"요즘 가장 핫한 프로그래밍 언어는 영어다(The hottest new programming language is English, 2023. 1. 25)."

이게 무슨 의미인지 알아보기 위해서는 코드, 즉 프로그래밍 언어에 대해 간단히 살펴봐야 한다. 반도체로 만들어진 컴퓨터의 CPU는 전류가 흐를 때와 흐르지 않을 때를 1과 0으로 인식하므로, 2진법으로 모든 계산을 수행한다. 초기 컴퓨터는 2진법으로 논리 회로와 명령을 설계해서 사용했다. 이때 컴퓨터가 직접 명령을 수행하도록 만든 언어가 기계어다. 1950년대 전후 인간이 이해할 수 있는 프로그래밍 언어가 나왔고, 이를 기계어로 변환해서 컴퓨터에 넣어주게 됐다. 이후 프로그래밍 언어는 점점 인간이 이해하기 쉬운 언어로 만들어졌는데, 대표적인 언어가 포트란, 코볼, C, 파스칼, C++ 등을 거쳐 파이썬, 자바 등이 나왔다. 프로그래밍 언어는 인간의 언어에 더 가까운 식으로 발전했는데, 이런 명령이 컴퓨터에서 실행되기 위해서는 기계어로 변환되어 작동한다. 이런 설명을 하니까 더 헷갈린 듯한데, 프로그래밍 언어는 쉽게 말해서 컴퓨터에게 일을 시키는 도구라고 생각하면 된다. 다음 사례를 살펴보면 이해가 쉽다.

이런 코드가 있다.

```
<!DOCTYPE html>
<html>
<head>
    <title>챗GPT, 일하는 방식을 바꿔라</title>
    <style>
        body {
            background-color: green;
        }
        h1 {
            font-size: 30pt;
            text-align: center;
            margin-top: 20%;
        }
        img {
            display: block;
            margin: 0 auto;
            width: 300px;
            height: 400px;
        }
        p.author {
            font-size: 12pt;
            text-align: center;
        }
        p.summary {
            font-size: 10pt;
            text-align: center;
        }
        a {
            font-size: 15pt;
            display: block;
            text-align: center;
        }
    </style>
    <script>
        function changeColor() {
            document.body.style.backgroundColor =
            'white';
```

```
            setTimeout(function() {
                document.body.style.backgroundColor = 'green';
            }, 1000);
        }
    </script>
</head>
<body onclick="changeColor()">
    <h1>챗GPT, 일하는 방식을 바꿔라</h1>
    <img src="book_cover.jpg" alt="챗GPT, 일하는 방식을 바꿔라">
    <p class="author">저자: [저자 이름]</p>
    <p class="summary">[책 요약 내용]</p>
    <a href="[온라인 서점 링크]">온라인 서점에서 구매하기</a>
</body>
</html>
```

이 html 코드는 이런 뜻이다.

웹 페이지를 하나 만들 건데, 최신 버전으로 만들어주세요. 배경화면의 색깔은 초록색으로 할 건데, 처음에는 하얀 페이지가 떴다가 1초 지난 후에 초록색으로 변하게 해주세요. 맨 위에는 제목을 넣으면 좋겠는데, "챗GPT, 일하는 방식을 바꿔라"라는 제목을 30포인트 글자 크기로 중간에 넣어주세요. 제목 바로 아래 "챗GPT, 일하는 방식을 바꿔라"라는 책의 이미지를 넣어주세요. 크기는 아마존 서점의 책 크기로 넣으면 좋겠어요. 책 사진 아래에는 저자 정보를 넣는데, 글자 크기는 12포인트가 좋겠습니다. 그 아래에는 책을 요약하는 내용을 10포인트로 넣어주세요. 책 요약 정보 아래에는 온라인 서점 링크를 넣어주세요. 링크의 크기는 15포인트로 해서요.

이걸 보면 프로그래밍 언어를 작성하는 것은 뭔가를 만들어내기 위해 꼼꼼히 글을 쓰는 것과 다르지 않다. 사실 이 코드는 내가 챗 GPT에 다음 그림과 같은 질문을 요청해서 받아낸 것이다. 나는 코딩을 모른다. 하지만 웹 페이지를 어떻게 만들겠다는 생각이 있으면, 즉 기획만 할 수 있으면, 챗GPT를 활용해서 코딩을 짤 수 있다. 물론 지금의 챗GPT는 맞춤식 서비스의 복잡한 기능을 구현하는 데 한계가 있다. 하지만 코딩 데이터를 점점 더 학습하게 되면 머지 않아 사람이 할 수 있는 코딩은 다 할 줄 알게 될 것이다.

프로그래밍 언어가 인간의 언어와 비슷해지는 식으로 발달했는데, 챗GPT에 이르러서 드디어 인간의 언어를 사용해서 코딩할 수 있게 된 것이다. 우리 일상어로 코딩하는 걸 신기하게 생각할 필요는 없다. 어차피 프로그래밍 언어도 컴파일이라는 과정을 거쳐서 기계어로 변환되어 컴퓨터에 입력된다. 과거엔 프로그래밍 언어→기계어 과정을 거쳐 컴퓨터에 전달됐다면, 지금은 사람의 언어→프로그래밍 언어→기계어 과정을 거쳐 입력될 뿐이다. 일상어로 코딩하는 시대가 된 것이다.

카파시가 "요즘 가장 핫한 프로그래밍 언어는 영어다"라고 말한 이유가 여기에 있다. 요즘은 글자뿐 아니라 그림을 생성해주는 AI도 많이 나오고 있다. 귀찮게 말로 설명하지 않고, 웹 페이지 그림을 그려 넣으면 이를 코딩으로 짜주는 기술도 가능하다. 그러므로 이제 코딩은 컴퓨터에게 맡기고 인간은 좀 더 나은 기획에 집중해야 한다. 그리고 그게 개발자 역량의 전부가 될 것이다.

다음에서 설명하는 것처럼 웹페이지를 꾸미기 위한 html 코드를 작성해줘.

- 배경화면의 색깔은 초록색으로 만든다.
- 웹페이지를 클릭하면 칼로 하얀 페이지를 찢으면서 초록색 페이지가 나타나게 만든다.
- 웹페이지 맨 위에 제목을 넣는데, "챗GPT, 일하는 방식을 바꿔라"를 글자크기 30포인트로 상단의 중간에 위치하게 한다.
- 제목 아래 바로 "챗GPT, 일하는 방식을 바꿔라"라는 책의 이미지를 아마존 서점의 책 크기로 넣는다.
- 책 사진 아래에, 저자 정보를 넣는다. 글자크기는 12포인트로 한다.
- 저자 정보 아래에는 책을 요약하는 내용을 넣는다. 글자크기는 10포인트로 한다.
- 책 요약 정보 아래에는 온라인 서점 링크를 넣는다. 링크의 크기는 15포인트로 한다.

아래는 요구사항에 맞게 꾸며진 html 코드 예시입니다:

```
〈!DOCTYPE html〉
〈html〉
......
중략
......
〈/html〉
```

위 코드에서 [저자 이름], [책 요약 내용] 그리고 [온라인 서점 링크]를 해당 정보로 대체하시면 됩니다. 또한, book_cover.jpg는 책 표지 이미지 파일의 경로로 변경해야 합니다. 책 표지 이미지 파일은 웹페이지와 같은 디렉토리에 위치하거나, 적절한 경로를 지정하여 이미지 파일을 참조할 수 있어야 합니다. 이 코드는 CSS 스타일과 JavaScript 함수를 포함하고 있어, 웹페이지를 클릭하면 배경색이 변경되는 효과가 나타납니다.

●●● 활용 방안: 개발자 기획력 높이는 법

앞으로 개발자에게 기획력이 핵심이라면 이 역량을 어떻게 키워야 할까? 이보다 먼저 개발자에게 요구되는 기획력이 무엇인지 살펴보자. 기획력은 단순히 웹이나 앱을 꾸미는 능력보다는 범위가 넓다. 기획력이란 UI보다는 UX다. 화면 구성에서 그치지 않고 고객이 화면을 어떻게 사용하느냐를 고민하는 것이다. 나아가 고객이 웹이나 앱을 편리하게 사용하는 것을 넘어서, 만족하게 만들어야 한다. 따라서 (프론트엔드) 개발자의 기획력이란 다음과 같이 정의할 수 있다.

기획력 : 고객이 설명서 없이도 제품을 쉽게 사용하도록 화면과 기능, 사용법을 구성하고, 나아가 고객의 제품 사용만족을 극대화시킬 수 있는 고객경험을 설계하는 능력

고객 불만을 듣고 난 후 고치는 문제해결 중심의 능력이 아니라, 고객이 인지하기 전에 고객의 사용만족을 극대화할 수 있는 문제발견 중심의 능력이다. 사실 고객에 집착하면 이런 능력이 발현된다. 스티브 잡스가 아이폰을 개발할 때 고객에게 집착했던 마음가짐을 갖고, 아이디어를 구현하면 된다. 이야기를 여기서 끝내면 너무 추상적이므로, 몇 가지 구체적인 실행포인트를 소개한다.

● 고객의 제품 구매 여정, 제품 사용 여정을 따라가라

우선 고객이 우리 제품을 어떻게 구매하고, 어떻게 사용하는지에 대해, 그 여정 하나하나를 자세히 분석하고 따라가야 한다. 고객이 제품을 구매하는 과정, 제품을 사용하는 과정을 세분화해서 분석하고 행동을 재현해보는 것이다. 고객 여정 지도를 그리는 방법은 디자인씽킹 같은 도구에서 많이 다뤘는데, 대략 이런 과정을 거친다. 첫째는 인식. 고객이 니즈나 문제점을 인식하고 이를 해결할 수 있는 방법을 찾는 과정에서 우리 제품을 찾게 된다. 둘째는 고려. 제품을 구매하기 전에 제품을 평가하는 단계로, 여러 대안을 파악하고 조사한다. 셋째는 구매 또는 전환. 구매나 가입 요청에 따라 고객이 제품을 채택한다. 넷째는 유지. 제품을 사용하면서 자신의 문제를 해결하거나 서비스에 만족한 고객은 일회성 구매가 아니라 재구매로 이어진다. 다섯째는 지지 또는 충성도. 우리 제품에 만족한 고객은 재방문뿐만 아니라 긍정적인 리뷰나 댓글을 통해, 또는

입소문을 통해 다른 사람들이 우리 제품을 선택하도록 돕는다.

이 각각의 단계에서 고객이 어떤 행동을 보이는지 분석하고, 어떤 기능이나 서비스에 만족할지를 고민하다 보면 혁신적인 고객경험을 설계할 수 있다.

● 페르소나를 활용하라. 그것도 여러 명

고객이 우리 제품을 어떻게 사용할지 구체적으로 상상하는 것은 매우 어렵다. 특히 제품이 출시되기 전일 경우 더 어렵다. 이럴 땐 페르소나를 활용하는 것이 도움이 된다. 페르소나란 구체적인 개성을 지닌 가상의 인물이다. 성별, 나이, 직장, 직급, 가족, 결혼 유무, 성격, 취미, 선호 채널, 라이프스타일 등을 구체적으로 설정하여 가상의 인물을 만든다. 인터넷에는 페르소나를 만드는 템플릿도 많다. 이런 템플릿은 위에 나열한 인구통계학적 특징을 기입하고, 제품 사용과 관련한 목적(Goal), 문제점(Pain point), 제품 사용 동기 등에 대해서 자세히 서술하게 한다. 이런 수준까지 고객을 상세화하면 제품을 어떻게 사용할지 구체적으로 상상할 수 있다. 다시 한번 강조하자면, 페르소나를 설정하는 이유가 고객이 우리 제품을 어떻게 사용할지 좀더 구체적으로 뽑아내기 위해서다. 고객 사용 행태의 구체화는 구체적인 인물을 설정하지 않으면 나오지 않기 때문이다. 그래서 만약 주변 지인 중에 우리의 베타 제품을 쓰는 사람이 있으면 그의 사용 피드백이 더 좋다. 살아있는 페르소나니까.

● 숲과 나무를 왔다 갔다 하라

고객의 제품 여정을 분석하거나, 페르소나를 활용해서 제품 사용 행태를 도출할 때, 뛰어난 사람은 이렇게 한다. 바로 숲과 나무를 왔다 갔다 하면서 분석하고 적용한다. 즉, 커다란 시각에서 망원경으로 바라보기도 하고 디테일한 측면에서 현미경으로 분석하기도 한다. 고객이 제품을 사용하는 궁극적인 목적을 생각하며 고객경험을 구성하기도 하고, 한편으로는 작은 메뉴 버튼 하나를 구성할 때 세세한 문제를 다 고민해보기도 한다. 이렇게 큰 그림과 디테일을 동시에 봐야, UX가 통일적이면서도 구체적으로 나온다. 엔지니어 중에는 디테일을 잘 보는데, 큰 그림에는 약한 사람이 많다. 의도적으로 큰 그림을 보는 시각을 연습할 필요가 있다.

● 경쟁 제품이 아니라 고객 행태를 분석한다

이외에 고객의 사용만족을 극대화하는 새로운 고객경험 방법을 고안할 수 있는 몇 가지 원칙을 더 살펴본다. 제품 개발 시 흔히 빠질 수 있는 매너리즘이 경쟁사 제품이나 잘나가는 제품을 참고하는 것이다. 한때 수많은 스타트업이 앱 개발 시 업종에 상관없이 토스의 앱을 참고했다고 한다. 잘 설계된 앱을 분석하며 배우는 건 좋은 일이나, 우리 제품의 고객은 토스 고객과 행태가 다를 수 있다. 경쟁 제품 분석은 UX보다는 UI에 집중하게 만든다. 제품 출시 전 경쟁사보다 멋진 UI를 만들거나 더 많은 기능을 넣게 될 가능성이 높다. 제품 출시 후 우리 고객이 제품을 즐겁게 사용하도록 만드는 게 아니다.

● 고객 불만 데이터보다 고객 사용 데이터

출시된 제품을 개선하는 경우, 많은 개발자들이 고객 불만 데이터를 참고한다. 합당한 고객 불만은 당연히 최소화해야 하는 것으로, 불만 데이터를 참고하는 건 당연하다. 그러나 불만을 없앤 제품과 고객이 열광하는 제품은 다르다. 불행하지 않은 것과 행복한 것은 엄연히 다른 상태인 것과 같다. 그래서 고객 불만 데이터보다 고객 사용 데이터에서 개선할 점을 찾아야 한다. 불만스럽지는 않더라도 고객이 제품 사용 중간에 어디에서 멈추고, 어떤 부분에 집중하는지 등에 대해서 분석하다 보면 고객도 인지하지 못하는 숨겨진 니즈를 발견할 수 있을 것이다.

● 고객 수 늘릴 방법보다 고객 사용시간 늘릴 방법을 고민한다

많은 기업의 KPI가 고객 수, 회원 수를 늘리는 것이다. 그래서 개발자들도 고객 수 늘리는 방법을 늘 고민하기도 한다. 그러나 더 바람직한 것은 고객의 사용시간을 늘리는 것이다. 고객 수는 프로모션으로도 늘릴 수 있지만, 고객의 사용시간은 고객이 우리 제품을 진짜로 좋아해야 가능하다. 따라서 사용시간이 많은 고객은 어떤 서비스 때문인지, 그걸 다른 고객에게 확장할 수 있는 방법은 없는지 등에 대해서 고민해야 한다.

여기 언급한 원칙을 염두에 두고 개발에 임한다면 기획력을 한 수준 끌어올릴 수 있을 것이다.

2장

챗GPT,
거짓말하고 자기도 모른다
할루시네이션을
최소화하려면?

우리 아버지는 귀가 어둡다. 평생 소음이 많이 나는 환경에서 일을 해서, 은퇴 무렵에는 귀에 이명이 생겼고, 나이가 들수록 청력이 점점 떨어졌다. 몇 년째 음성인식 인공지능 기업을 정기적으로 도우면서 아버지의 음성인식률이 웬만한 음성인식 기기에 훨씬 못 미침을 알았다. 아버지의 음성인식률은 30%도 안 될 거 같다. 보청기를 낀 상태에서도 60%나 될까? 하지만 나는 아버지와의 커뮤니케이션에 문제가 없다.

　최근 음성인식 기술이 지속적으로 발전해서 인식률이 매우 높아졌다. 음성인식 성능을 측정하는 지표는 여러 개가 있다. 음성인식이 정답값을 정확하게 인식한 단어의 비율을 측정하는 단어인식 점수(Word Recognition Scores), 인식된 단어 중 정답과 다르게 추가·삭제·대체된 오류를 계산한 단어오류율(Word Error Rate), 한글 같은 경우는 인식한 음절의 오류를 계산한 글자오류율

(Character Error Rate) 등이 있다. 최신 논문을 보면 음성인식 기술이 지속 개선되어 인식률이 90%를 넘거나 성능이 좋은 경우는 95%를 넘는 경우도 많다.[1] 하지만 음성인식 기술을 활발하게 사용하는 사람이 많지는 않다. 택시기사가 손님을 태웠을 때 내비게이션에 큰 소리로 목적지를 외치거나, 집에서 음성 스피커에게 노래를 틀어달라고 크게 이야기하는 경우 말고 별로 못봤다.

스마트폰 음성인식 기술의 3분의 1에도 못 미치는 음성인식 성능을 지닌 아버지와의 대화는 잘되고, 스마트폰은 잘 안 쓰는 이유는 뭘까?

모르는 걸 모르는 AI

아버지는 잘못 알아들었으면, "너 뭐라고 했니?" 혹은 "다시 말해봐"라며 묻는다. 자신이 말을 잘 알아듣지 못했음을 안다. 그러면 아버지와 대화하는 상대방은 크게 말하거나, 한 말을 다시 반복하면서 대화를 이어간다. 약간 불편할 뿐 대화에 문제가 생기지 않는다.

1 Adam Palanica, Yan Fossat, 〈Medication Name Comprehension of Intelligent Virtual Assistants: A Comparison of Amazon Alexa, Google Assistant, and Apple Siri Between 2019 and 2021〉, *Frontiers in Digital Health*, 2021. 5. 19.
Haris Isyanto et al, 〈Performance of Smart Personal Assistant Applications Based on Speech Recognition Technology using IoT-based Voice Commands〉, *2020 International Conference on Information and Communication Technology Convergence (ICTC)*, 2020. 12. 21.
Ana Berdasco et al, 〈User Experience Comparison of Intelligent Personal Assistants: Alexa, Google Assistant, Siri and Cortana〉, *International Conference on Ubiquitous Computing and Ambient Intelligence*, 2019. 11. 20.

그러나 음성인식 소프트웨어는 자기가 목소리를 못 알아들었다는 사실을 모른다. 이런 식이다.

사용자 : 오늘이 무슨 요일이지?

컴퓨터 : 오늘은 수요일입니다.

사용자 : 그렇구나.

오늘 용산에 가야 하는데, 거기서 뭘 하는 게 좋을까?

컴퓨터 : 네, 양산은 통도사가 유명하니까, 통도사를 구경하는 걸

추천합니다.

음성인식 기술이 용산을 양산으로 인식했지만, 컴퓨터는 자기가 용산을 양산으로 인식했다는 사실을 알지 못한다. 그리고 대화를 이어간다. "아니, 내가 말한 건 양산이 아니라, 용산이야, 용산." 이런 식으로 고쳐주면서 대화를 다시 이어 나가더라도, 몇 마디 진행될 때마다 이런 일이 반복된다. 앞서 언급한 최신 음성인식 기술의 성능을 조사한 논문 중 하나에서 구글 어시스턴트가 95%의 단어인식률을 보여 가장 높았다. 95%라면 20개의 단어 중 하나 정도 틀린다는 얘기다. 사람들의 보통 대화가 평균 다섯 단어로 이뤄지니까, 네 번 말할 때마다 하나씩 오류가 나온다는 의미다. 네 마디 말할 때마다 못 알아듣는데, 더 큰 문제는 잘못 알아듣는 단어에 기반해서 대화를 이어나간다는 사실이다. "아버지가 방에 들어가셨어"라는 말에 "아버지 가방에 들어가시다니, 그렇게 큰 가방이 있나요?"라는 식으로 답하면 더 이상 말을 걸기가 어렵다. 음성인식률이 90%라

면 두 번 말할 때마다 대화가 삼천포로 빠지고, 인식률이 80%라면, 이 정도 성능도 나쁘지 않은 것인데, 매번 말할 때마다 삼천포로 빠진다는 뜻이다.

따라서 음성인식률이 95% 이상 올라가도, 내비게이션, 날씨 확인, 주가 확인 등 특정 목적성 대화가 아닌, 자유대화를 컴퓨터와 하긴 어렵다. 반면, 우리 아버지처럼 귀가 어두운 사람과는 대화를 이어 나갈 수 있다. 조금이라도 상대방의 말을 잘못 들은 것 같으면, 다시 묻거나 눈치를 보면서 비슷한 대화를 이어 나갈 수 있기 때문이다.

이게 사람과 AI의 가장 큰 차이다. 바로 메타인지. 내가 뭘 생각하고 있는지 판단하는 능력, 내가 뭘 알고 모르는지 아는 능력, 내 생각과 행동의 의미를 판단하는 능력, 이른바 생각을 생각하는 능력. AI는 메타인지를 못한다. 그래서 사람보다 뛰어난 판단을 하고도 자기 행동이 무엇을 의미하는지 모른다. 알파고는 이세돌에게 이겼지만, 자기가 이세돌을 이긴 게 어떤 의미인지 모른다.

아니, 자기가 바둑을 두고 있다는 의미도 이해하지 못했을 것이다.

이런 메타인지가 없으므로, 챗GPT 같은 인공지능 기술이 만들어낸 결과를 잘 해석하고 신중하게 사용해야 한다.

인간의 뇌가 지닌 고유 능력, 메타인지

인간은 생각을 하는 동시에, 자기가 생각하고 있다는 사실을 인지하고 있다. 어떤 주제에 대해 생각을 하는 주체가 있고, 그 생각 활동을 판단하는 주체가 나눠져 있으면서도, 동시에 진행된다. 이런 메타인지는 1976년 미국의 발달심리학자인 존 플라벨(Flavell)이 처음으로 이론화했는데, 인간의 인지능력 중 메타인지의 발달이 가장 중요하다고 주장했다. 인간은 메타인지 덕분에 전략적인 사고가 가능해, 문제해결을 위해 필요한 계획을 세우고, 해결책에 대해 평가한다. 이를 통해 현실을 지속적으로 개선할 수 있다.

메타인지는 인간의 뇌에서 전전두엽(prefrontal cortex)과 관련돼 있다고 알려졌다. 전전두엽은 논리적 판단, 추리력, 문제해결 능력 등 고차원적 인지와 계획을 담당한다. 이 전전두엽이 다른 동물보다 인간에게 특히 발달돼 있어서 인간의 고차원적 능력이 여기서 나오는 것으로 밝혀졌다. 인지심리학자들이 자기를 성찰하는 메타인지 능력이 뛰어난 사람들에게서 전전두엽의 피질 위에 회백질이 많다는 사실을 밝혀냈다.

몇 년 전 한 방송사에서 성적 상위 0.1% 학생들과 성적이 평범한 학생들을 비교하는 실험을 한 적이 있는데, 두 집단에서 가장 커다란 차이를 보인 게 메타인지였다. IQ, 가정환경, 공부시간 등은 최상위권과 평범한 학생들이 차이가 없었다. 그래서 한동안 공부를 잘하기 위해 메타인지를 향상시키는 법이 유행하기도 했다. 메타인지는 자기를 끊임없이 돌아보면서 사고하고 행동하면 높아진다고 한다.

인간의 뇌가 인공지능과 다른 고유한 특성이 바로 메타인지를 가지고 있다는 점이다. 그래서 사람은 자기의 생각과 결정을 의심

할 수 있다. 인공지능은 이게 안 된다. 자기가 학습하거나 생성한 결과에 대해 판단할 수 없다.

물론 최근 AI에 메타인지 기능을 도입하려는 연구가 시행된 적도 있다.[2] 최근 광주과학기술원의 이규빈 교수 연구팀에서 모르는 데이터를 구별해내는 AI 기술을 개발해 논문으로 발표했다. 연구팀은 모르는 데이터에는 낮은 활성도를 보이고, 아는 데이터에는 높은 활성도를 보이는 블록을 설계해 AI 모델에 집어넣었다. 그래서 판단할 데이터가 들어오면, AI 모델에 의한 판단과 동시에 모르는 데이터일 경우 이를 식별할 수 있게 했다. 지금까지 AI는 답을 몰라도 가장 유사한 값을 정답으로 잘못 인식하는 단점이 있는데, 이를 개선한 것이다. 연구팀은 "이번 연구성과를 발전시키면 딥러닝 모델이 인식된 결과를 스스로 인지하는 메타인지 능력을 얻을 수 있다"며 "모르는 것을 아는 것으로 잘못 인식해 발생할 수 있는 막대한 피해를 방지할 수 있을 뿐만 아니라, 지능 증강 같은 다양한 기술로 응용될 것이라고 기대한다"고 말했다.

그런데 AI에 메타인지 기능을 장착하려는 이런 연구는 아직 초기일뿐더러, 인간의 메타인지를 흉내 내는 기능을 하나 더 부착한 것에 지나지 않는다. 인간은 생각하면서, 동시에 그 생각을 판단하는데 반해, 이 모델은 다른 층위에 모르는 데이터를 판별하는 기능을 추가한 것이다. 게다가 생성 AI 같은 경우는 모델 자체가 정답

---

2 Yeonguk Yu et al, 〈Block Selection Method for Using Feature Norm in Out-of-distribution Detection〉, Arxiv.org, 2023. 5. 2.

43

을 판정하는 게 아니라, 요청과 가장 유사한 답을 생성해내는 것이다. GPT라는 언어모델 기술의 특성상 정답이 확실하지 않아도, 대답을 회피하지 않고 무엇이건 대답을 하도록 설계됐다. 1천억 개가 넘는 파라미터를 지닌 모델을 사용해서 학습한 것이므로, AI가 답변을 얼마만큼 확신하고 있는지 알아낼 방법이 없다. 챗GPT 같은 생성 AI가 만들어낸 결과가 이렇다는 것을 인식해야 한다.

요컨대, 챗GPT 등 생성 AI 기술은 두 가지 치명적 약점이 있다. 첫째는 모르는 것을 아는 척한다는 점이고, 둘째는 자기가 모른다는 사실조차 모른다는 것이다.

거짓말하고도 그게 거짓말인 줄 모르는 챗GPT

챗GPT의 할루시네이션, 즉 아무 말 대잔치 사례가 밈처럼 돌았다. 이 책 앞에서 언급한 '세종대왕 맥북프로 던짐 사건'을 비롯해서 유명해진 답변들이 있다. 〈콩쥐팥쥐전〉에 대한 질문에는, 두 마리의 쥐가 서로 협력해서 어려움을 극복하는 이야기라고 천연덕스럽게 답했다. 더불어 콩쥐팥쥐 이야기의 의미도 정리해줬다. 이순신 장군이 만들지도 않은 선박에 대해서도 구체적인 설명을 달았다. 지금은 이런 밈들이 유명해져서 오픈AI 측에서도 유명한 역사적 사실에 대한 오류를 상당 부분 잡아 나가고 있다.

그러나 조금만 질문을 바꿔서 거짓말을 유도해도 금방 넘어간다. 강감찬 장군이 권율 장군을 도와 행주대첩을 일으킨 일을 설명한국의 동화 〈콩쥐팥쥐전〉에 대해 알려줘.

〈콩쥐팥쥐전〉은 한국의 전래동화 중 하나로, 두 마리의 쥐가 서로 협력하여 어려움을 극복하는 이야기입니다.

이 이야기는 매우 가난한 삶을 살던 콩주와 팥쥐가 각각 콩과 팥을 모아 아껴서 겨울을 버티며 살아가던 중, 갑자기 온갖 재난이 찾아오면서 그들의 고통이 시작됩니다. 그러나 콩쥐와 팥쥐는 서로 협력하여 어려움을 극복하고, 결국 이웃들과 함께 풍성한 생활을 할 수 있게 됩니다.

이 이야기는 작은 것이라도 노력과 협력을 통해 큰 것을 이룰 수 있다는 가치를 강조하며, 서로의 도움을 받아 어려움을 극복하는 중요성을 보여줍니다. 또한, 이 이야기는 한국의 전통 문화와 가치관을 담고 있어, 한국어 교육과 한국 문화 이해에 중요한 역할을 하고 있습니다.

이순신 장군이 만든 '엔드게임호'에 대해서 설명해줘.

'엔드게임호'는 이순신 장군이 만든 전투용 선박 중 하나입니다. 이 선박은 이순신 장군이 일본과의 전쟁에서 사용하기 위해 건조한 것으로 알려져 있습니다.

엔드게임호는 현존하는 기록으로는 정확한 스펙이나 디자인에 대한 정보가 전무합니다. 하지만 이순신 장군이 만든 '거북선'이 대단히 성공적인 선박이었기 때문에, 엔드게임호도 일종의 대형 군함이었을 가능성이 높습니다.

거북선은 군함의 모습으로 거북이의 등과 같은 모양을 하고 있으며, 기관포와 화살포 등 다양한 무기를 장착할 수 있도록 설계되어 있었습니다. 이러한 설계로 인해 거북선은 일본의 대규모 함대와도 전투에서 승리할 수 있었습니다.

따라서, 이순신 장군이 만든 엔드게임호도 비슷한 디자인과 무기 체계를 가지고 있었을 가능성이 있습니다. 그러나 엔드게임호에 대한 정보는 매우 한정적이며, 구체적인 내용은 역사학자들 사이에서도 논란이 되고 있습니다.

해달라는 질문에는, 챗GPT가 두 사람이 활동했던 시대가 다르다며 대답을 거부했다. 그러나 대한제국과 일제시대 때 의병장으로 활약한, 일반인에게 많이 유명하지 않은 인물인 김시백 장군을 넣어서 사실을 조작해서 질문했더니 거짓말을 내뱉기 시작했다. 이처럼 대화형 AI에게 오류를 만들어내거나 기밀을 유출하게 만드는 질문을 하는 것을 프롬프트 인젝션(Prompt Injection)이라고 하는데, 챗GPT 같은 언어모델은 모델 설계 원리가 이를 피할 수 없다.

챗GPT는 수많은 문서를 학습한 후 인간이 쓰는 모든 문장에 확률값을 부여한 AI 모델이다. 우리가 어떤 말을 하면, 그 다음에 나올 법한 말 중에서 가장 확률이 높은 문장을 만들게 돼 있다. 검색창의 자동완성 기능을 확장한 것과 같은 개념이다. 그러다 보니 챗GPT는 사용자의 질문을 일단 사실로 받아들인 후, 그 정보에 기인해서 답변을 이어간다. 간혹 '훈민정음을 설명해달라'는 질문에 사실과 다른 답변을 내는 경우처럼 잘못된 데이터를 학습해서 나타나는 문제도 있지만, 할루시네이션은 오류가 있는 정보를 포함해서 질문했을 때 발생할 수밖에 없다.

챗GPT는 모르는 것을 아는 척하고, 자기가 모른다는 사실을 모르기 때문에, 사용하는 사람이 이런 한계를 인식해야 한다. 더 정확히 말하면 챗GPT는 어설프게 알거나 자세히 모르는 것에 대해서도 확실하게 답변을 하기 때문에 그대로 사용할 수 없다. 오히려 사용자가 이런 한계를 인식하고 챗GPT가 거짓말을 내뱉지 않도록 좋은 질문을 해서 이용해야 한다.

그럼 권율 장군을 도와 의병을 일으킨 김시백 장군이 행주대첩에서 어떤 일을 했는지 설명해줘.

김시백은 조선 중기에 활동한 장군으로, 행주대첩은 그의 주요 전투 중 하나입니다. 행주대첩은 1592년, 일본의 잠수군을 이용한 세츠바루 세이소이의 공격을 받은 행주에서 벌어진 전투입니다.

김시백은 행주대첩 당시 행주의 주둔군인 대변기무군을 지휘하고 있었습니다. 세츠바루 세이소이는 잠수함인 거북선을 이용하여 행주를 포위하고 공격했으며, 처음에는 조선군이 많은 피해를 입었습니다. 그러나 김시백은 군대를 재정비하고 전략을 세워 다시 일어나기로 결심했습니다.

김시백은 전투 전에 전략적으로 자신의 군대를 배치했습니다. 그는 대변기무군을 남쪽에 두고 일본군의 움직임을 막았고, 병력을 촘촘히 배치하여 각 장소에서 세츠바루 세이소이의 돌격을 받았습니다. 또한, 일본군이 행주로의 보급을 차단하기 위해 신설한 육상진지를 활용하여 적을 견제했습니다.

전투는 치열하게 이어졌으며, 김시백은 장군으로서 전략을 펼치고 군대를 이끌었습니다. 그의 지휘하에 조선군은 일본군을 격퇴하고 결국 행주대첩에서 승리하게 됩니다. 이 승리로 인해 일본의 행주 침공이 어느 정도 막히게 되었으며, 조선은 일본의 침략에 대항하여 저항을 지속할 수 있게 되었습니다.

김시백은 행주대첩에서의 용맹한 행동으로 조선의 독립과 안정을 위해 헌신한 것으로 알려져 있습니다. 그의 업적은 조선시대 역사에서 큰 의미를 가지고 있으며, 그를 기리기 위해 많은 기록과 기념물이 전해져왔습니다.

챗GPT는 생성 AI다. 질문에 반응하게 만들어졌다. 좋은 답을 얻어내려면 좋은 질문을 하면 된다. 생성 AI가 대중화되면 좋은 질문을 하는 능력이 핵심이 된다. 즉 남의 질문에 대해 답을 찾는 문제해결 능력보다, 스스로 새로운 질문을 하는 문제발견 능력이 더 중요해진다. 챗GPT가 거짓말을 하지 않도록 하기 위해서 어떻게 질문해야 할까?

● 적합한 곳에 사용하라

앞에서도 언급한 것처럼, 챗GPT는 정확한 답을 몰라도 가장 가까운 답변을 만들어 내도록 설계됐기 때문에, 챗GPT의 아무 말 대잔치는 피할 수 없다. 정확한 정보를 요구하는 작업에 사용하지 않으면 된다. 사실에 기반한 분석을 제공하거나, 정보 전달용 문서 등에는 사용하지 말아야 한다. 그보다는 정답이 없는 아이디어가 필요한 일에는 어디든 사용할 수 있다. 기획 문서의 초안을 작성하기 위한 아이디어를 얻을 때, 구체적인 마케팅 방법에 관한 아이디어를 얻을 때, 다양한 문제해결을 위한 이메일 보내기 아이디어를 얻을 때 등이다. 여기서 모든 내용에 '아이디어를 얻을 때'라고 쓴 점을 기억할 필요가 있다. 챗GPT에서 제안하는 결과를 그대로 활용하지 말고, 그걸 활용해서 더 나은 결과물을 만들라는 의미다.

● 구체적으로 질문하라

사람도 마찬가지지만, 챗GPT 역시 추상적인 질문에는 추상적으로 답한다. "책 쓰는 법 알려줘"라고 질문하면 아무 말 대잔치가 나온다. 추상적으로 질문하면 할루시네이션의 가능성이 더 크다. 하지만 "《챗GPT, 일하는 방식을 바꿔라》라는 제목의 책을 쓰려고 하는데, 목차를 어떻게 잡아야 할지 알려줘"라고 질문하면 더 자세한 답변을 얻을 수 있다. 여기서 한 걸음씩 더 들어갈수록 더 구체적인 답변이 나온다. "《챗GPT, 일하는 방식을 바꿔라》라는 책을 쓰는데, 책 내용 중에 '할루시네이션을 최소화하는 방법'이란 부분이 있어. 할루시네이션을 피하는 질문법에 대해 알려줘"라고 질문하면 더 자세한 답변을 얻을 수 있다. 이와 똑같은 질문을 챗GPT에게 했더니, 내가 여기에 쓸 내용과 어느 정도 중복되는 내용이 나오는 걸 알 수 있다.

《챗GPT, 일하는 방식을 바꿔라》라는 책을 쓰는데, 책 내용 중에 '할루시네이션을 최소화하는 방법'이란 부분이 있어. 할루시네이션을 피하는 질문법에 대해 알려줘.

할루시네이션(Hallucination)은 인공지능 모델이 텍스트 생성 과정에서 실제로는 존재하지 않는 정보나 내용을 생성하는 현상을 말합니다. 《챗GPT, 일하는 방식을 바꿔라》라는 책에서 '할루시네이션을 최소화하는 방법' 중 하나로 질문법에 대해 언급한다면, 아래의 방법들을 활용할 수 있습니다:

1. 명확하고 구체적인 질문 : 모호한 질문이나 너무 일반적인 질문보다는 구체적이고 명확한 질문을 사용하는 것이 좋습니다. 이를 통해 모델이 정확한 정보를 생성하도록 유도할 수 있습니다.

2. 제한된 범위 질문 : 모델에게 질문할 때 범위를 제한하여 모델이 너무 자유롭게 상상하지 않도록 합니다. 예를 들어, 특정 시간 범위 내에서의 정보를 요청하거나 특정 도메인에 관한 질문으로 범위를 한정할 수 있습니다.

3. 사실적인 제약 조건 추가 : 모델에게 사실적인 제약 조건을 추가하여 허구적인 정보를 생성하지 않도록 합니다. 예를 들어, 특정 사건에 대한 과거의 사건 기록이나 현실적인 제약 조건을 설명하여 모델이 현실성을 유지하도록 도와줄 수 있습니다.

4. 피드백 루프 : 모델의 생성 결과를 평가하고, 부적절한 정보나 할루시네이션을 감지했을 때 이를 피드백으로 제공합니다. 이를 통해 모델이 향후에 더 정확하고 현실적인 정보를 생성할 수 있도록 학습할 수 있습니다.

이러한 접근 방식들은 할루시네이션을 최소화하고 모델이 더 실제와 일치하는 답변을 생성하도록 도와줄 수 있습니다. 하지만 모델의 성능과 할루시네이션에 대한 완전한 예방은 어렵기 때문에, 이러한 방법들을 사용하면서도 모델의 출력을 검토하고 검증하는 것이 중요합니다

물론 여기에 쓴 내용은 챗GPT에게 물어보고 기획한 것이 아님을 밝힌다. 내가 고민을 많이 할수록 더 좋은 답변이 나온다는 걸 명심하자.

● 예시를 사용하라

챗GPT에게 가이드라인을 제시하면 더 구체적인 답변을 얻을 수 있다. 책의 목차를 잡아달라는 질문을 하면서, 다른 책의 목차를 예로 들어서 제시하면, 좀 더 구체적인 답변을 얻을 수 있다. 또는 참고했던 블로그나 웹사이트 링크를 첨부하면서, 해당 페이지의 내용을 참고해서 답변해달라고 하면 매우 구체적인 답변을 얻을 수 있고, 아무 말 대잔치를 줄일 수 있다.

이처럼 예시를 사용하는 방법은 오픈AI가 GPT-3를 개발할 때부터 사용한 퓨샷러닝(Few-shot Learning)이란 기법과 유사하다. 퓨샷러닝은 한번 학습한 모델의 파라미터를 미세조정하는 파인 튜닝 작업에서 '아빠→엄마, 왕→왕비, 왕자→?' 처럼 구조화된 예시를 통해 적은 데이터로 거대모델을 학습시킬 수 있는 방법이다. 이 방법으로 모델을 개발했으므로, 이런 식으로 예시를 넣어줬을 때 높은 품질의 답변을 얻을 수 있다.

● 역할을 부여하라

챗GPT에게 역할을 부여하는 명령이 매우 파워풀하다고 한다. 영어로 'Act as a~' 프롬프트 명령인데, 우리 말로는 "네가 ~~라고 생각하고 답변해줘"라고 입력한다. 여기에 구체적인 상황을 더하면 더 좋을 것이다. 가령, "네가 인공지능 전문가로서 《챗GPT, 일하는 방식을 바꿔라》라는 책을 쓰고 있어. 타깃 독자는 개인 크리에이터야" 라는 식으로 상황을 구체화하면 더 나은 답변을 얻을 수 있다.

● 질문할 내용을 작게 세분화해서 질문하라

질문할 내용을 쪼갤 수 있으면, 세분화한 후, 각각의 세부 내용에 대해 질문하는 게 좋다. 구체적으로 질문하라는 내용과 비슷하다. 가령 "AI 모델링하는 법 알려줘"라는 질문보다, "AI 모델링할 때, 데이터를 전처리하는 과정을 자세히 설명해줘" 라고 질문하는 게 더 좋다. 물론 이런 질문을 하기 위해서는 AI 모델링 과정을 어느 정도 알고 있어야 한다. 그래서 "AI 모델링하는 법 알려줘"라는 큰 질문을 한 후, 챗GPT가 답변을 한다면, 그 답변의 항목 하나하나에 대해서 질문해도 된다. 핵심은 질문이 구체적으로, 세부적으로, 아래 단계로 파고들어야 좋다는 것이다.

● 부연 질문을 하라

챗GPT의 답변에 대해서 궁금한 게 있으면 계속 질문하는 것도 좋다. 때로는 오류를 지적해도 좋다. 할루시네이션이 나타났을 때는 오류를 계속 지적하면, 챗GPT가 더 이상 답변을 하지 못하고 멈출 때도 많다. 의도적인 프롬프트 인젝션이 아니라 사실확인을 하면서 추가 질문을 하는 것은 양질의 정보를 얻기 위해 어느 정도 필요하다. 또한 챗GPT는 답변 분량에 제한이 있으므로, 답변을 멈췄을 경우에는 지속하라는 요청을 하면 된다. 챗GPT는 하나의 질문 세션(챗GPT 내에서 한 화면에 연속적으로 이어지는 질문으로, New chat을 누르면 다른 세션이 시작됨) 내에서는 이전 질문과 답변을 기억하고 있다. 따라서 과거 답변에서 입수한 정보를 최대한 활용하는 게 좋다.

● 영어를 쓰라

챗GPT는 대부분 영어 문서를 학습했으므로, 영어로 질문하는 게 더 풍부한 답변을 얻을 수 있다. 영어로 질문하기 어려운 경우에는 구글 번역기 등을 통해 영어로 번역해서 질문하고, 이 질문을 다시 한국어로 번역하는 것이 더 효과적이다. 나는 챗GPT 내에 번역만 요청하는 세션(창)을 따로 만들어서 사용하고 있다. 번역을 많이 쓰는 사람은 크롬 확장 프로그램인 '프롬프트 지니'를 크롬에 설치해서 활용하면, 한글과 영어를 자동 번역해준다. 설치 방법은 인터넷에 자세히 나와 있다.

3장

프롬프트 엔지니어가 뜬다
좋은 답변을 찾아내는
효과적인 질문법은?

구글에서 4억 달러의 투자를 받은 생성 AI 개발사 앤스로픽이 수억 원의 연봉을 제시하며 프롬프트 엔지니어를 구한다는 채용공고를 냈다. 이 회사 말고도 많은 AI 전문업체에서 프롬프트 엔지니어를 구하고 있으며, 심지어 보스턴아동병원과 영국의 법률회사 미시콘 드 레야도 프롬프트 엔지니어를 채용하고 있다. 이런 곳은 AI 개발사는 아니지만 챗GPT 같은 생성 AI를 활용한 서비스를 고객에게 제공하기 위해 프롬프트 엔지니어의 필요성을 실감한 것이다.

우리나라에서도 억대 연봉을 제시하며 프롬프트 엔지니어를 구하는 회사들이 나오고 있다. AI 전문기업 뤼튼테크놀로지스가 최대 1억 원의 연봉에 프롬프트 엔지니어를 공개 채용한다고 밝혔다. 아무래도 새로운 직종이라 채용이 쉽지 않은지 오랜 기간 공고가 떠 있었다. 공고 페이지에는 다양한 목적의 프롬프트를 제작, 테스트하고, 프롬프트 사례 구축 일을 한다고 소개돼 있다. 그러면서 생성 AI에 관심이 있고, 다양한 모델의 프롬프트 사용 경험을 했으며, 생성 AI의 API 사용에 익숙한 사람을 선호한단다. 어디에도 코딩 능력이나 개발자를 구한다는 이야기는 없다. 문과출신도 가능하다는 얘기다.

프롬프트 엔지니어가 뜨는 이유

프롬프트 엔지니어는 말 그대로, 생성 AI에 사용되는 명령어, 프롬프트를 입력하는 사람이고, 그런 일을 프롬프트 엔지니어링이라고 한다. 프롬프트 엔지니어는 프롬프트를 자유자재로 조작하고 작업의 목적에 맞게 사용하여 최선의 답변을 생성하도록 만들 줄 안다. 즉 프롬프트 엔지니어는 고객이 원하는 콘텐츠를 최고 품질로 생성하기 위한 빠르고 정확한 프롬프트 사용법을 아는 사람이다. 프롬프트 엔지니어 역량을 지닌 사람이 생성 AI를 활용하면 몇 가지 이점이 있다.

첫째, 챗GPT 등 생성 AI가 내놓은 결과의 품질을 향상시킬 수 있다. 올바르게 설계된 프롬프트는 모델이 더 효과적이고 유용한 결과를 생성하도록 할 수 있다. 예를 들어, 특정 질문에 대한 답을 얻기 위해 질문을 다르게 구성하면, AI 모델이 더 정확하거나 인사이트 있는 답변을 내놓게 된다.

둘째, 모델 개발 시 성능 향상이 가능하다. 올바른 프롬프트는 AI

모델이 목표를 이해하고 실행하는 데 도움이 된다. 이는 모델의 학습 시간을 줄이고 성능을 향상시키는 데 도움이 될 수 있다.

셋째, 대응 능력을 강화할 수 있다. 모델이 더 다양한 프롬프트에 대응하도록 훈련될수록, 모델은 더욱 다양한 문제를 처리하는 능력을 향상시킬 수 있다. 그러므로 다양한 프롬프트를 사용하는 사람이 모델을 사용하면 모델이 새로운 문제에 더욱 빠르게 대응하거나 예상치 못한 입력에 더욱 견고하게 대응하는 데 도움이 될 수 있다.

넷째, 사용자 이해도를 향상하는 데 도움이 된다. 프롬프트 엔지니어의 도움을 받아서 생성 AI를 활용하는 사용자를 생각해보자. 사용자는 프롬프트 엔지니어의 도움을 받아 프롬프트를 어떻게 작성하면 좋을지 이해하게 된다. 그러면 AI 모델이 어떻게 작동하는지, 그리고 그 한계는 무엇인지에 대해 더 잘 이해하게 된다. 이는 사용자가 모델을 더욱 효과적으로 활용하는 데 도움이 될수 있다.

실제 생성 AI 활용이 늘어나는 상황에서 프롬프트 엔지니어링이 중요해졌다. 그러니까 언론에서 앞다퉈 보도하고 있다. 앞에 나온 프롬프트 엔지니어 채용 공고를 보도하면서 마치 신종 직업이 생겨난 것처럼 야단이다. 그럼 앞으로 프롬프트 엔지니어라는 직업이 정말로 생겨날까?

오픈AI의 CEO 이야기를 거꾸로 해석하면 그 답을 알 수 있다. 그는 이런 이야기를 하면서 프롬프트 엔지니어의 중요성을 강조했다.

"챗봇에 프롬프트를 작성하는 것은 활용성이 굉장히 높은 기술이며, 몇 마디의 자연어로 프로그래밍을 하는 것의 초기 모습이다."

앞 장에서 챗GPT 시대에는 모두가 개발자가 된다고 하면서, 영어나 한국어 같은 일상어로 코딩을 할 수 있게 된다고 전망했다. 오픈AI CEO의 이야기도 같은 맥락이다. 그런데 이 말은 생성 AI가 대중화되고, 누구나 생성 AI를 활용할 수 있게 된다는 이야기다. 대중화된다는 말은 전문직업이 탄생하는 게 아니라, 누구나 사용할 수 있게 된다는 말이다. 한글이나 워드 프로그램이 처음 나왔을 때는 자격 시험까지 보면서 이걸 활용하는 능력을 특별하게 봤다. 그러나 컴퓨터가 대중화되고 문서작성 프로그램을 초등학생도 쓸 수 있게 되면서, 이 능력이 필수가 됐다.

프롬프트 엔지니어링 능력이 중요해질 것은 분명하다. 그러나 프롬프트 엔지니어라는 신종 직업이 탄생할 것 같지는 않다. 프롬프트를 다루는 기술은 누구나 가져야 하는 필수 능력이 되지 않을까?

프롬프트 공유와 마켓에서의 거래

프롬프트가 중요하다고 하니까, 여러 생성 AI에 활용할 수 있는 명령어 기술을 공유하는 블로그가 많아졌다. 사용자가 많아지니까 당연한 현상이다. 심지어 챗GPT 사이트에서도 공유 기능이 만들어졌다. 지금까지 챗GPT는 나와 컴퓨터와의 1대1 대화였다. 하지만 이를 공유할 수도 있고, 더 나아가 여러 사람이 챗GPT와 함께 그룹 채팅을 할 수도 있게 발전할 것 같다.

이건 좋은 프롬프트에 대한 니즈가 크다는 의미이므로, 거래가 생기는 건 당연하다. 최근 프롬프트를 거래하는 마켓 플레이스가 우후죽순 만들어지고 있다. 다음은 잘 되는 곳 몇 군데.

이외에도 구글에 프롬프트 마켓 플레이스로 검색하면 최근 만들어진 온라인 마켓이 매우 많이 나온다. 프롬프트 마켓 플레이스

▶ 프롬프트 마켓 플레이스

이름	특징	홈페이지
프롬프트베이스	- 챗GPT, Dall-E 2, Midjourney, Stable Diffusion등 주요 생성 AI용 프롬프트를 거래 - 필터를 제공해 원하는 프롬프트를 쉽게 찾을 수 있음	promptbase.com
프롬프트베이스	- 챗GPT, Dall-E 2, Midjourney, Stable Diffusion,Openjourney용 프롬프트를 거래 - 프롬프트 마켓 중 규모가 가장 큰 편	prompthero.com
chatX	- 챗GPT, Dall-E 2, Midjourney, Stable Diffusion 등 주요 생성 AI용 프롬프트 공유 - 많은 프롬프트가 무료로 거래	chatx.ai
프롬프트시	- Midjourney용 이미지 프롬프트 거래 - 암호화폐로 구매 가능	promptsea.io
Arthub.ai	- 주로 이미지 생성 AI 프롬프트가 거래되는데, 성인용 그림이 활발하게 거래	arthub.ai
프롬프트 타운	- 우리나라에서 만들어진 프롬프트 마켓 - 챗GPT, Dall-E 2, Midjourney, Stable Diffusion 등 다양한 생성 AI 프롬프트를 판매하고 있으나, 론칭 초기라서 이미지 생성이 많음	prompt.town

에 들어가보면 대부분의 사이트가 미드저니 같은 이미지 프롬프트 중심이다. '챗GPT를 교육용으로 사용할 수 있는 프롬프트' 같은 언어모델용 프롬프트도 있으나, 이미지 생성 명령어가 많다. 이는 이미지를 구매하는 대신 프롬프트를 구매해서 멋진 이미지를 만들어 사용하려는 사람들이 많다는 얘기다. 동시에 챗GPT는 사용자가 다양한 시행착오를 겪으면서 사용하고 있음을 의미하기도 한다.

아무튼 최근 챗GPT가 워낙 화제가 되면서 프롬프트 엔지니어링에 대한 논의도 다소 과장된 측면이 없지 않다. 유명 게임이 인기를 끌면, 그와 관련한 커뮤니티가 생겨나서 여러 정보가 공유되고, 아이템을 거래하는 곳이 생기는 건 당연하다. 지금 나타나는 프롬프트 마켓도 마찬가지. 향후 프롬프트 엔지니어링 능력을 누구나 필수적으로 보유하게 되면 이런 유행은 점점 사그라들 것이다.

생성 AI 활용이 늘어나면서, 프롬프트 엔지니어링, 그러니까 챗GPT 같은 생성 AI의 결과를 잘 만들어낼 수 있는 노하우를 익히는 건 중요하다. 몇 가지 포인트를 기억하자.

● 도메인 지식이 먼저다

앞에서 영국 법률회사 미시콘 드 레야에서 프롬프트 엔지니어를 채용한다는 내용을 다뤘다. 채용 공고 사이트에 직접 들어가봤다.[3] 이 회사는 몇 년 전부터 AI를 활용한 법률 서비스를 제공하기 위해 많은 준비를 해왔다. 그래서 리걸 테크를 다루는 데이터 팀을 보유했고, 여기서 프롬프트 엔지니어를 뽑았다. 그런데 지원자에게 요구하는 역량 항목을 보면 법률에 대한 지식이 기본이라는 것을 알 수 있다. 반드시 법학 전공자일 필요는 없으나, 판례 등을 다뤄봤으며, 법률회사의 업무에 대한 깊은 이해

▶ 미시콘 드 레야의 채용 공고 중 일부

Skills/Experience

- A deep understanding of legal practice - probably (but not necessarily) including a degree in law or experience working as a lawyer.
- A deep understanding of law firm operations - probably (but not necessarily) gained from working at a law firm
- Strong technical skills, including experience with GPT3 and other large language models.
- Excellent problem-solving skills and the ability to work creatively and independently.
- Strong communication and interpersonal skills, with the ability to work effectively with lawyers and other stakeholders.
- A passion for innovation and a desire to make a real impact on the legal industry.

3 https://fsr.cvmailuk.com/mishcon/main.cfm?page=jobSpecific&jobId=66276&rcd=112956&queryString=srxksl%3D1&srxksl=1

가 우선 조건이었다. 그 다음이 언어모델에 대한 스킬을 언급했다.

이걸 보면 프롬프트 엔지니어에게 요구되는 제1의 역량은 도메인 지식이다. 프롬프트 질문법에 대해서 지금 여기서도 언급하고 있지만 여기에 쓰는 건 큰 방향일 뿐이다. 실질적으로 유용한 질문은 현업이나 특정 분야의 지식, 인사이트와 결합됐을 때 나온다. 법률회사에서 단순히 개발자를 모집하는 게 아니라, 법률 지식과 인사이트를 갖춘 상태에서 언어모델을 다룰 줄 아는 사람을 모집하는 이유가 이거다.

앞에서도 언급했지만, 이런 이유로 프롬프트 엔지니어라는 직업이 생길 가능성은 적다. 이제는 한글이나 파워포인트를 작성하지 못하는 직장인은 없듯이, 프롬프트 사용은 누구나 다 하게 될 것이다. 그 중에서 도메인에 대한 깊은 인사이트가 있는 사람이 프롬프트도 더 잘 입력한다.

● 사용하는 생성 AI 모델에 대해 알아야 한다

챗GPT는 언어모델을 서비스로 만든 것인데, 이 언어모델의 설계 방법이 거짓말을 하고도 스스로 인지하지 못하는 할루시네이션을 피할 수 없게 만들어졌다. 이런 기술적인 내용은 다음 장에 자세히 다루겠지만, 간단히 요약하면 이거다. 챗GPT는 앞에 나온 문장이나 단어와 확률적으로 가장 잘 어울리는 내용을 생성한다. 그러므로 틀린 내용이나 주제에서 벗어난 내용이 나오면 그 이후엔 그 내용을 기반으로 문장이 생성된다. 아무 말 대잔치가 될 수밖에 없다. 그래서 챗GPT를 사용할 때 추상적으로 쓰지 말고 구체적으로 질문하라는 이유가, 추상적으로 질문하면 뒤에 생성할 내용이 확률적으로 너무 다양해져서 원하는 답과 멀어질 수 있기 때문이다. 또 앞의 내용에 기반하므로, 구체적 사례나 예시가 있어야 답변의 방향을 특정할 수 있다.

생성 AI 모델에 대해 알아야 한다는 말은 이처럼 모델 설계 기술을 파악하라는 것만이 아니라, 어떤 데이터를 어떤 방식으로 학습했는지도 중요하다. 이미지 생성 AI 서비스 중에서 인기 있는 스테이블 디퓨전의 훈련 데이터에 대한 내용이 공개됐다.[4] 두

---

4 AiTIMES, 〈이미지 생성 AI '참고서'는 SNS 이미지〉, 2022. 9. 13.

명의 엔지니어가 스테이블 디퓨전의 훈련 데이터 23억 개 중 1,200만 개의 표본을 분석했다. 분석결과 SNS를 비롯해 여러 웹사이트에 있는 사용자 생성 콘텐츠를 주로 학습한 것으로 나타났다. SNS인 핀터레스트에서 가져온 이미지가 전체의 8.5%로 가장 많았고, 워드프레스 호스팅 블로그 이미지, 스머그머그 등 이미지 공유 사이트가 뒤를 이었다. 또 쇼핑 사이트와 사진판매 사이트에서도 데이터를 가져다 훈련시켰다. 이런 데이터에 있는 태깅 값을 그대로 사진을 설명하는 텍스트로 사용했다. 그래서 이미지 생성 AI에는 챗GPT와 달리 동사보다 형용사를 잘 사용하는 게 중요하고, '반 고흐 스타일'과 같이 특정 화가나 '기안84의 웹툰 스타일' 같은 명령어가 잘 먹히는 것이다.

● 질문을 구체화하라

챗GPT 같은 생성 AI 서비스로부터 좋은 답변을 얻어내려면 질문을 가능한 한 구체적으로 입력해야 한다. "생성 AI 모델링 방법에 대해 알려줘"라고 일반적으로 질문하지 말고, 이런 질문을 하는 이유를 자세히 언급하고, 또 이 정보를 어디에 활용하려고 하는지 등에 대해서 언급하면 훨씬 구체적이고 팩트에 기반한 답변을 해준다. 예시를 써주는 것은 매우 좋다. 이런 내용은 앞 장에서 언급했으므로 다른 예를 들어보겠다.

최근 국내 개발자가 만든 챗GPT 프롬프트 생성기 앱을 발견했다.[5] 여기 항목을 보면, 챗GPT에 질문을 어느 정도 구체화하는지 힌트를 얻을 수 있다. 챗GPT의 임무를 정하는 동작은 '설명해줘, 예를 들어줘, 문법을 교정해줘, 코드를 작성해줘' 등의 드롭다운 목록으로 구성돼 있다. 말투는 '친근한, 정중한, 존댓말, 유머러스한, 무례한' 등을 선택할 수 있다. 스타일은 '정확하게, 간결하게, 자세하게' 중 하나를 선택할 수 있고, 독자수준은 '초등학생, 대학생, 전문가'를 선택할 수 있다. 길이는 '한 문장, 500자 이내, 3페이지 분량' 등이다. 관점은 '개발자, 디자이너, 마케터, 기획자' 중 하나를 선택할 수 있다. 포맷은 '마크다운 형태, 표 형태, 리스트, 예시와 함

---

5 https://prompt-generator.cckn.vercel.app/

께, 다이어그램으로 출력하기, 대화문으로 출력하기' 중의 하나를 선택할 수 있다.
이 앱의 항목을 보면 챗GPT에 질문을 구체화할 때 약간의 도움을 받을 수 있다.

● 질문을 구조화하라

프롬프트에 에세이 식으로 서술형으로 쓸 수도 있다. 하지만 질문을 구체화할 때, 내용을 구조화해서 표현하면 챗GPT 같은 언어모델이 더 쉽게 이해한다. 마치 문서나 보고서 형태로 만들어서 질문하는 것이다. 대략 다음과 같은 내용으로 구조화해서, 각각의 항목에 대해서 설명하면서 최종 질문을 던지면 된다.

① 지시사항 : 언어모델이 수행할 임무를 주는 것이다. 구체적으로 지시하는 게 매우 중요하다.

▶ 역할, 지시사항, 출력형식 사례

역할(Role)	지시사항(Task)	출력형식(Format)
CEO	에세이	평서문 텍스트
마케터	기사	요약문
광고인	광고 카피	PPT 슬라이드
카피라이터	판매 문구	마크다운
개발자, 엔지니어	신문 헤드라인	워드 클라우드
웹 디자이너	분석	스프레드 시트
프로젝트 매니저	블로그 포스트	리스트
사업가	요약	그래프
회계사, 회계 담당자	도서 목차	표
코치, 리더십 전문가	이메일	PDF
언론인, 기자	SNS 포스팅	Code
작가, 예술가	제품 설명서	HTML
프롬프트 엔지니어	SEO(서치엔진최적화) 키워드	XML

② 상황 : 챗GPT 등 언어모델이 생성하는 답변과 관련한 주변 상황에 대해 자세히 언급한다. 어떤 산업이나 도메인에서 필요한 내용인지, 무슨 일을 하는 데 필요한 것인지 등 관련 상황 정보를 입력한다. 이런 정보를 입력하게 되면 AI가 구체적인 상황 내에서 지시에 대한 답을 생성할 수 있게 만든다.

③ 사용자와 AI의 역할 지정 : 앞 장에서도 살펴본 것처럼, 'Act as a' 명령어가 매우 유용한데, 이런 역할 부여는 사용자와 AI 모두에게 해당된다. 질문을 하는 사용자는 어떤 사람으로서 이 정보를 사용하려고 하고, AI는 어떤 역할이라고 가정해서 답변을 해달라고 하면 매우 구체적인 답변을 도출할 수 있다.

④ 출력 형식 : 결과물이나 답변의 형식이나 형태를 지정할 수 있다. Who, where, how, when 등의 내용을 넣으라고 할 수도 있고, 이메일, 기획서, 설명문, 시/소설, 에세이, 코드 등 구체적으로 형식을 지정함으로써 언어모델이 명확하게 답변할 수 있게 만든다.

● 코딩 생성을 위해서는 IT 지식이 필요하다

코딩을 생성하는 용도로 사용할 때도 도메인 지식이 필요하다. 여기서 도메인 지식은 시스템 관련한 지식이다. 인간의 언어를 쓰면 된다고, "이번에 출시한 상품을 판매할 수 있는 웹사이트를 만드는 코드를 작성해줘"라는 질문을 하면 실제 작동하는 코드가 나오지 않는다. 이를 실제 작동할 수 있는 코드로 만들려면, 상품이나 고객 데이터는 어느 데이터베이스에서 가져와야 하고, 신규 고객이나 비회원은 어떻게 처리해야 하며, 재고량은 어느 데이터베이스에서 확인해야 하는지 등에 대한 정보를 알고 있어야 한다. 쉽게 말해 시스템 구조를 자세히 알수록, 정확한 코딩을 생성할 수 있다. 물론 이에 대한 내용을 일상어로 명령하면 된다.

● 원하는 답을 얻을 때까지 반복하라

끝으로 좋은 프롬프트의 요건에서 가장 중요한 내용이다. 바로, 원하는 답을 얻을 때까지 지속 반복하라는 것이다. 챗GPT는 다양한 분야에서 온갖 쓰임새로 쓰인다. 도메인 분야마다 필요한 정보와 해결책이 다르고, 사용자마다 원하는 수준이 천차만별이다. 그러므로 사용자가 원하는 답을 얻을 때까지 다양한 방법으로 사용해보는 게 제일 중요하다. 그러다 보면 노하우를 체득하게 되고, 자기만의 프롬프트 사용법을 익히게 될 것이다. 그러니까 많이 이용하면 된다.

물론, 오픈AI가 챗GPT를 운영하는 데, GPU 등 컴퓨팅 비용이 천문학적으로 들어가기 때문에, 언젠가는 질문의 양을 조절하거나 유료화할 가능성이 많다. 그러면 질문을 무한정하게 되면 비용이 발생하므로 제약이 생길 것이다. 그때까지 많이 사용해서 자기만의 노하우를 익히자.

● 하지 말아야 할 질문들

이밖에 하지 말아야 할 질문들이 있다.

① 실시간 또는 최근 정보에 대한 질문은 좋지 않다. 챗GPT는 최신 데이터를 학습하지 않았다.

② 키워드 검색을 요청하지 말아야 한다. 챗GPT는 키워드 검색 정보를 학습하지 않았다. 하지만 이런 질문을 하면 대답은 하므로, 잘못 사용할 수 있다.

③ 팩트 체크가 안 된 사실에 대해 질문하면 안 된다. 할루시네이션을 명심해야 한다.

④ 기밀과 관련한 질문은 하지 않는 게 좋다. 오픈AI는 사용자의 비밀을 보장한다고 하지만, 누가 해킹할 수도 있다.

⑤ 정파적 판단이 들어간 질문은 좋지 않다. 똑같은 사안이더라도 정파에 따라 정반대로 해석될 수 있는 내용은 질문하지 않는 게 좋다. 이런 답변은 분명 정파적인 목적으로 이용된다.

4장

챗GPT,
아직 전문가로는 글쎄
챗GPT를 전문영역에서
활용하려면?

2023년 3월 14일 오픈AI가 GPT-4를 선보였다. GPT-3.5를 기반으로 하는 챗GPT가 폭발적인 인기를 끌며 연일 화제가 된 지 4개월 만에 고도화된 모델을 내놓은 것이다. GPT-4는 미국의 공식 시험에서 상위권 능력을 보여줬다. 미국의 모의 변호사시험에서 상위 10%를 차지했고, 대학입학자격시험(SAT)의 읽기와 수학에서 각각 상위 7%와 9% 수준의 성적을 냈다. 이전 모델인 GPT-3.5는 대부분의 시험에서 하위 10% 대의 수준이었던 걸 생각하면 전문성이 크게 발전했다.

더불어 오픈AI는 할루시네이션도 크게 줄었다고 밝혔다. 허용되지 않은 콘텐츠 요청에 응답할 가능성이 82% 줄었고, 사실을 바탕으로 대답하는 비율도 40% 정도 높아졌다는 것이다.

그럼에도 아직까지 챗GPT를 그대로 전문 분야에서 활용하기는 어렵다. 할루시네이션이 개선됐다고는 하나, 아직도 빈번하게 발생하고 있다. 의료분야에서 신체 증상을 호소하며 치료법을 묻는 사용자에게 잘못된 답변을 했다고 생각해보라. 자기도 모르는 거 짓말이 거의 나타나지 않아야 전문 분야에서 활용할 수 있다.

삼천포로 한번 빠지면 빠져나올 수 없어

챗GPT 같은 초거대 언어모델은 작동 방법론의 특성상 할루시 네이션을 피할 수 없다. GPT 모델이 문장을 생성하는 방법은 구글 이 2017년 발표한 트랜스포머(Transformer)라는 딥러닝 아키텍처 를 기반으로 한다. 질문 등에 의해 문장이 주어지면, 주어진 문장 의 모든 단어에 대해 각각의 가중치를 계산하여, 다음 단어를 예측 한다. 즉 챗GPT 같은 초거대 언어모델은 인간이 사용하는 모든 문 장에 대해 확률값을 부여한 모델이다. 여기서 할루시네이션이 나 타나는 이유는 트랜스포머 아키텍처보다 자기회귀 기법과 빔 서치 (Beam Search Decoder) 방식에 의해 문장을 생성하기 때문이다.

자기회귀 알고리즘은 이전 단어에 대한 정보를 사용하여 다음 단어를 예측한다. 예를 들어서, "The cat sat on the mat"라는 문장 을 생성했다고 하자. 이때 The cat은 sat을 예측하는 데 사용되고, sat은 on을 예측하는 데, on은 the mat를 예측하는 데 사용된다. 즉 이전 문장, 이전에 나온 내용에 기반하여 다음 문장을 생성하는 것 이다.

여기에 빔 서치 방식이 결합되면 할루시네이션이 증가할 수 있다. (사실 빔 서치는 그리디 서치(Greedy Search Decoder) 방식을 개선한 것이다. 그리디 서치는 문장 생성 시 이전 단어에 기반해서 가장 높은 확률의 다음 단어를 선택한다. 빔 서치는 제일 높은 확률만이 아니라 개발자가 정해준 빔의 개수만큼 확률이 높은 단어를 몇 개씩 넣어서 문장을 여러 개 생성하는 것이다. 그러니까 그리디 서치는 빔 서치에서 빔의 개수가 하나인 경우다. 그리디 서치에 비해 빔 서치는 더 많은 계산량이 필요하지만 예측 결과가 훨씬 좋아진다.) 빔 서치는 문장을 생성할 때 여러 개의 확률이 높은 단어 몇 개를 생성한 다음, 문장을 이어가면서 각각의 단어 뒤에 나올 가능성 있는 여러 시퀀스(문장)를 추적하고, 그 중 확률이 높은 시퀀스를 선택한다. 쉽게 말해서 앞에 나온 문장과 가장 어울릴만한 문장을 모두 고려하는 것이 아니라, 그 중에서 제일 확률이 높은 몇 개의 문장만 고려한다는 것이다. 그래서 빔 서치 방식은 지역적으로 최적의(local best) 선택을 하지만 전체 내용에서 최적의(global best) 문장을 생성한다는 보장이 없다. 쉽게 말해서 앞 문장을 고려했을 때는 최적의 내용을 만들어내지만, 전체 답변의 관점에서 봤을 때는 지금 만들어낸 내용이 최적이라는 보장이 없다는 말이다. 빔 서치 방식을 선택하는 이유는 현재 하드웨어 자원의 한계에 따라 어쩔 수 없다.

국립국어연구원에 따르면 한국어에서 5,800개의 낱말이 자주 쓰인다고 한다. 참고로 영어는 일상생활에서 3,000단어 정도가 많이 쓰인다고 한다. 만약 빔 서치 방식을 택하지 않고, 질문이 주어졌을 때, 모든 문장을 다 생성한 후에 가장 적절한 답을 찾는다면, 엄청난 계산량이 요구된다.

챗GPT가 하는 답변이 통상 15~20줄, A4용지 반 페이지 정도의 분량인데, 대략 200단어 정도 된다. 그러면 5,800의 200제곱($5,800^{200}$)에 해당하는 확률만큼의 경우의 수가 나온다. 5,800을 200번 곱한 이 숫자는 엑셀에 넣어봤더니 숫자가 너무 커서 출력이 안된다. 5,800의 4제곱이 대략 10의 15제곱(10^{15})보다 약간 큰 값이므로, 5,800의 200제곱($5,800^{200}$)은 10의 750제곱(10^{750}) 정도의 값이다. 매번 질문이 들어올 때마다 이런 경우의 수를 현재 컴퓨터 자원으로 계산할 수 없기 때문에 빔 서치를 쓰는 것이다.

이제 틀린 정보를 넣어서 질문했을 때 할루시네이션이 나타날 수밖에 없는 이유를 알았다. 틀린 정보에 기반해서 가장 나올 법한 문장을 만들어내기 때문이다. 세종대왕과 맥북프로라는 단어 다음에 올 가장 그럴듯한 내용을 만들다 보면 아무 말 대잔치가 나오는 것이다. 의도적으로 틀린 정보를 이용해서 질문하지 않아도, 답변을 하다 보면 엉뚱한 정보가 들어오게 된다. 그러면 이 엉뚱한 사실에 기반해서 이후 문장이 만들어지므로 할루시네이션을 피해갈 수 없다. 그러므로 챗GPT 같은 언어모델은 한번 삼천포로 빠지면 빠져나올 수 없다. 할루시네이션은 사실상 완벽하게 고치기 힘들 것이다.

전문 분야 활용을 위한 파인 튜닝

그러므로 챗GPT 같은 초거대 언어모델을 전문 분야에서 활용하려면, 해당 분야의 데이터를 가지고 재학습을 시켜야 한다. 이를 파인 튜닝(Fine-tuning)이라고 한다. GPT가 Generative Pre-trained Transformer의 약자다. 트랜스포머 아키텍처를 가지고 생성 모델을 사전-학습시켰다는 의미다. 학습시켰다고 하지 않고 사전-학습시켰다고 표현한 이유가, 사용자가 재학습을 해서 원하는 분야에 활용하라는 서비스 철학이 들어 있다.

사용자 도메인의 데이터를 가지고 파인 튜닝을 하면, 파인 튜닝 시 학습했던 데이터들을 우선적으로 참조해서 챗GPT가 답변을 생성한다. 물론 주요 정보 외 자연스러운 대화를 만들어내는 능력은 파운데이션 모델인 GPT-3.5 및 GPT-4의 능력을 그대로 활용할 수 있다. 따라서 챗GPT처럼 자연스럽게 대화하면서도 특정 분야의 정보를 담고 있는 모델을 만들어낼 수 있는 것이다.

관련 사례를 살펴보자. KT는 자체 보유하고 있는 초거대 AI인 '믿음'을 활용하여 유명한 아동상담가 오은영 박사의 육아 상담 서비스를 만들었다. 그 동안 오은영 박사가 상담했던 방대한 말뭉치 데이터를 학습해서, 오은영 박사 스타일의 육아상담 서비스를 개발한 것이다. 오은영 박사가 인기가 있는 것은 상담과 직접 관련한 대화 이외에도, 피상담자와 공감하고 안심시키는 감성적인 대화가 풍부하기 때문이라고 한다. 그래서 상담이 문제해결에만 집중하는 게 아니라 사람들의 마음을 감성적으로 달래주거나, 추가 질문을 던져 겉으로 드러나지 않았던 문제를 파악할 수도 있다고 한다. 이런 오은영 박사의 대화 스킬이 고스란히 학습돼 서비스에 탑재됐다. 요즘은 TTS(음성 합성) 기술이 워낙 발달해서, KT는 오은영 박사와 똑같은 목소리와 말투로 상담 서비스를 기획하고 있다. 물론 음성인식 기술의 한계로 사용자의 목소리를 정확히 인식해서 대화 맥락을 지속 유지하는 것은 별개 문제다. 어쨌든 이런 식으로 초거대 언어모델을 파인 튜닝해서 자기만의 상품을 만들 수 있다.

오픈AI의 챗GPT 웹사이트에는 파인 튜닝해서 자기만의 모델을 만드는 방법이 자세히 나와 있다. 텍스트 데이터 처리에 가장 많이 쓰이는 Json 파일을 한 줄씩 기록한 Jsonl 파일을 사용한다든지, 대화는 질문(prompt)과 답변(completion) 쌍으로 만들어야 한다든지 등이 설명돼 있다. 기술적으로 파인 튜닝하고 코딩하는 부분은 여기서 자세히 언급하지 않겠다. 이는 엔지니어가 간단히 처리할 수 있는 부분이다. 그보다는 파인 튜닝을 위한 데이터를 준비할 때 유의해야 할 점을 생각해 본다.

챗GPT 같은 초거대 언어모델을 활용하여 특정 분야나 전문 분야의 서비스를 위한 맞춤형 언어모델을 만들기 위해 이런 점에 유의해야 한다.

● 사용자의 목적에 기반한 대화 주제를 선정하라

전문 분야에서 사용될 주제를 선정하는 것이 제일 중요하다. 최근에 초거대 언어모델에 활용되는 대규모 의료분야 데이터를 구축하는 일에 참여한 적이 있다. 질병 증상이나 치료법 등에 대해 궁금한 사용자를 위한 의료용 챗봇 서비스를 학습하기 위한 데이터를 구축하는 일이다. 이 데이터를 구축하기 전에 가장 역점을 둔 것이 대화의 주제를 선정하는 것이었다. 주제를 선정하려면 사용자들이 의료용 챗봇을 어떻게 사용할지 구체적인 방향이 정해져야 한다. 즉 사용자의 목적이 정해지면 대화 주제가 나오게 된다. 이후 해당 주제에 대해 어떤 정보를 담아야 할지에 대해 의사 등 해당 분야 전문가에게 자문을 들었다.

● 서론-본론-결론으로 된 3단 구성의 응답으로 답변을 만들어라

챗GPT의 답변은 서론-본론-결론 세 부분으로 구성돼 있다. 대부분의 질문에 대해서 사전 설명과 본격적인 설명, 그리고 이를 해석하거나 추가 정보를 알려준다. 이런 식이다. 챗GPT 파인 튜닝 용 데이터셋을 구축할 때도 답변 데이터를 서론, 본론, 결론 세 부

ChatGPT를 파인 튜닝하는 자세한 방법 알려줘.

ChatGPT를 파인 튜닝하는 방법은 복잡하고 많은 컴퓨팅 리소스를 필요로 합니다. 그럼에도 불구하고, 여기에 일반적인 절차를 소개하겠습니다.

1. 데이터 준비: 튜닝을 위한 데이터를 준비합니다. 이 데이터는 대화 형식이어야 하며, 원하는 주제나 스타일을 반영해야 합니다. 데이터는 명확한 질문과 대답이 쌍으로 구성되어야 합니다.

2. 사전 학습 모델 로드: OpenAI에서 제공하는 사전 학습된 GPT-3 모델을 로드합니다. 이 모델은 다양한 웹 텍스트에서 학습했으므로, 일반적인 언어 이해능력이 있습니다.

3. 파인 튜닝 설정: 파인 튜닝을 위한 설정을 합니다. 이 설정에는 학습률, 배치 크기, 에포크 수 등이 포함됩니다.

4. 학습: 준비한 데이터를 사용하여 모델을 튜닝합니다. 이 과정에서 모델은 데이터에 특화된 언어 패턴을 학습합니다.

5. 평가 및 테스트: 튜닝된 모델을 평가하고 테스트합니다. 이를 통해 모델이 원하는 결과를 얼마나 잘 생성하는지 확인할 수 있습니다.

그럼에도 불구하고, 이러한 과정은 많은 컴퓨팅 리소스와 전문적인 지식을 필요로합니다. 또한, OpenAI의 GPT-3를 직접 튜닝하려면 OpenAI와의 계약에 따라 사용 허가를 받아야 할 수도 있습니다. 이러한 이유로 대부분의 개발자는 OpenAI API를 사용하여 GPT-3를 활용하고 있습니다. 이 API를 사용하면 GPT-3의 파워를 활용하여 자신만의 응용 프로그램을 만들 수 있습니다.

분을 지닌 형태로 구성하는 게 바람직하다.

● 대화 시나리오 기획이 중요하다

앞서 오은영 박사의 상담 서비스의 특징이 감성적인 게 섞여 있다고 설명했다. 즉, 전문 상담과 관련한 내용만 나오는 것이 아니라 상담 받는 사람에게 감성적으로 다가가서 마음을 열게 하는 대화가 많이 들어 있다는 것이다. 이는 오은영 박사가 인기를 가지게 된 핵심 요소 중 하나로, 오은영 박사 이름을 따서 진행하는 서비스에서는 필수적이다. 이처럼 서비스의 종류와 전략에 따라서 대화 시나리오를 기획하는 게 매우 중요하다.

자연어처리 분야에서 대화는 두 가지 종류로 나뉜다. 내비게이션이 목적지를 찾아서 알려주는 것처럼 특정 목적을 달성하기 위한 대화를 과업지향적대화(Task-Oriented Dialogue, TOD)라고 부르고, 만났기 때문에 무슨 이야기라도 하는 대화를 열린 대화(Open Domain Dialogue, ODD)라고 부른다. 챗GPT 이전에 나온 챗봇은 대부분 TOD에 기반한 서비스였다. 은행 챗봇을 생각해보면 알 수 있다. 그런데 챗GPT가 각광받는 이유는 적절한 ODD를 섞어서 답변을 하기 때문이다. 반면 감성 대화로 인기를 끈 스캐터랩의 이루다는 대표적으로 ODD에 기반한 서비스다. 자신의 분야에서 제공하려는 서비스가 어떤 것이냐에 따라 둘을 적절히 믹스해서, 대화 시나리오를 설계할 수 있다. 대화 시나리오를 얼마나 일관되고 현실감 있게 설계하느냐에 따라 파인 튜닝 모델의 성능이 결정된다.

5장

챗GPT 생태계가 시작됐다 플러그인으로 챗GPT 200% 활용하기

챗GPT가 나온 지 4개월이 지난 시점에 오픈AI는 챗GPT 플러그인 기능을 출시한다고 발표했다. 플러그인은 챗GPT 안에서 사용할 수 있는 외부 서비스로, 추가 확장 소프트웨어를 지칭한다. 플러그만 꽂으면 쓸 수 있다는 의미로 플러그인이라고 불린다. 챗GPT에는 없는 기능을 외부의 도움을 받아 제공하고, 챗GPT의 약점으로 지적되어온 할루시네이션도 개선할 수 있다.

초기 플러그인은 익스피디아와 카약(호텔 예약), 인스타카트(장보기), 울프럼(수학검색), 피스컬노트(정책 및 법안 정보), 스픽(언어), 오픈테이블(식당), 클라나쇼핑, 샵, 마일로 패밀리 AI(가족돌봄) 재피어(업무툴) 등 11개 기업의 서비스를 연계했다. 기능 출시 이후 수많은 기업들이 플러그인에 입점하려고 대기했다. 2023년 5월 15일 베타 테스트를 공식 출시한 이후, 6월 15일 기준으로 438개의 플러그인 서비스가 제공되고 있다. 하지만 이 수치가 의미가 없는 게, 매일 수많은 플러그인이 입점하고 있다.

유료 가입자를 대상으로 하며 다양한 플러그인을 자신의 챗GPT 계정에 설치할 수 있고, 사용할 때는 한 번에 3개까지만 활성화시켜서 사용할 수 있다. 익스피디아를 쓰는 사용자는 서울 여행 계획을 짜면서 동시에 숙소 예약까지 챗GPT 내에서 완료할 수 있다.

플러그인, 기능 확장과 생태계 조성

플러그인을 사용하면 챗GPT에서는 불가능했던 작업을 할 수 있다. 가령, 챗GPT는 언어모델이므로 수리 계산을 못하는데, 수학검색 엔진인 울프럼 플러그인을 활성화하면 가능하다. 앞 장에서 200단어 정도 길이의 한국어 문장을 생성해내기 위해 필요한 계산량을 구한 적이 있는데, 이 예제를 울프럼 플러그인을 활성화해서 풀어보았다. 이 경우의 수는 5,800의 200제곱이었고, 앞 장에서는 눈대중에 의한 어림짐작(rule of thumb) 방식으로 대략 10의 750제곱(10^{750}) 정도의 수라고 계산했다. 이를 챗GPT에서 울프럼을 활성화시켜서 계산해봤다. 그랬더니 정확하게 4.848×10^{752}으로 나왔다. 어림짐작으로 계산한 값과 비슷했다.

울프럼을 실행한 화면을 보면, 플러그인이 챗GPT와 어떤 방식으로 연결되는지 알 수 있다. 5,800의 200제곱이 얼마냐는 질문에, 챗GPT는 이게 수리 계산임을 인지하고, 울프럼 기능을 활성화한

5,800의 200제곱은 얼마야?

⌀ Used Wolfram ︿

REQUEST TO WOLFRAM

```
{
"input": "5800^200"
}
```

REQUEST TO WOLFRAM

Query:
"5,800^200"

Input:
5800^200

Result:
4848403014569110504101303105855964107177860604
3416262995628352419373022532232566600986173
8232766326672889918602225973731963779436161
4452762378665460360934991781394495887679113
5317989544628201844829745665867494113471527195
6547782521824524693141868789830998012934938
1125622840179997335969481860264439179593231
435446979901964767079559127405876048683440537
60000000000000000000000000000000000000000000000
0000...

Decimal approximation:
4.848403014569110504101303105855964107177860
6043416262995628... × 10^752

Number length:
753 decimal digits

Wolfram|Alpha website result for "5,800^200":
https://www.wolframalpha.com/input?i=5800%5E200
```

5,800의 200제곱은 약
4.848403014569110504101303105855964107177860604
3416262995628 × 107524.848403014569110504101303
1058559641071778606043416262995628 × 10$^{752}$입니다. 이
는 753자리의 숫자입니다.
```

다. 울프럼 기능을 활성화한다는 말은 챗GPT에서 스스로 울프럼 소프트웨어를 켜서 명령어를 입력한다고 생각하면 된다. 울프럼 역시 클라우드 기반 소프트웨어 서비스(SaaS)이므로, 챗GPT가 울프럼 서버를 연결해서 수학 기능을 사용한 것이다. 플러그인이 활성화되면 울프럼 아이콘이 작동하는 모습이 나온다. 그리고 작동된 결과를 보면 5,800의 200제곱을 울프럼에 명령어로 요청한 것을 볼 수 있다. 이에 대해 울프럼이 자체 소프트웨어를 작동해서 해당 결과가 나오게 되고, 이를 챗GPT에 전송하여 결과를 받아본다.

즉 챗GPT의 플러그인을 사용하면 챗GPT가 할 수 없는 기능에 대해서, 외부의 서비스를 활용해서 해결할 수 있다.

챗GPT의 가장 큰 문제는 자기도 모르는 거짓말인 할루시네이션이 발생한다는 점과 학습한 시기 이후의 최신 정보를 검색할 수 없다는 점이다. 이는 검색엔진 플러그인을 사용하면 간단히 해결된다. 챗GPT가 마이크로소프트로부터 거액의 투자를 받아서 사실상

▶ 빙 플러그인 선택 화면

GPT-3.5   GPT-4

Our most capable model, great for tasks that require creativity and advanced reasoning.

Available exclusively to Plus users

Default

Browse with b Bing Beta   ✓

Plugins Beta

자회사로 운영되고 있으므로, MS의 검색엔진인 빙이 플러그인으로 사용된다. 다만 MS는 특별대우를 받아서 다른 플러그인과 함께 제공되지 않고, 별도로 선택해서 사용할 수 있다.

이 기능을 사용해서 최신 정보를 찾아달라고 입력해봤다. 우드스탁 페스티벌에 대한 정보를 알려달라고 요청했더니, 빙 검색엔진이

한국에서 우드스탁 페스티벌이 열린다고 하던데, 관련 정보를 알려줘.

⟲ Finished browsing ⌃

Q Searched Bing : "Korea Woodstock Festival 2023"

↳ Clicked on : Lineup announced for Woodstock Music and Art Fair 2023 rock festival

≔ Reading content

⟲ Finished browsing

2023년에 한국에서 열리는 우드스탁 음악 및 예술 축제는 다음과 같은 정보가 있습니다:

• 날짜 : 2023년 7월 28일, 29일, 30일
• 장소 : 경기도 포천
• 라인업 : 힙합 듀오 Dynamic Duo, 록 밴드 Boohwal, No Brain, 6band, 아티스트 Kim Do-kyun, Insooni, Kim Kyung-ho, Kim Wansun 등이 포함되어 있습니다.
• 헤드라이너 : 일본의 인기 헤비메탈 밴드 Loudness. 이 밴드는 그들의 다섯 번째 정규 앨범 "Thunder in the East" (1985)로 빌보드 200 차트에 오른 최초의 아시아 록 밴드입니다.
• 추가적으로 더 많은 아티스트들이 페스티벌에서 공연할 예정이며, 이들은 추후 발표될 예정입니다.

이번 행사는 우드스탁 페스티벌이 미국 외의 장소에서 처음으로 열리는 경우입니다1.

활성화되었고, 관련 정보가 나왔다. 더불어 빙에서 검색한 검색결과까지 링크가 됐다. 여기서 검색한 결과를 클릭하면 해당 웹사이트가 나온다. 챗GPT 안에서 검색엔진을 사용할 수 있게 된 것이다.

챗GPT 플러그인이 파워풀한 이유는 이 서비스가 기존 챗봇의 기능을 넘어서기 때문이다. 챗GPT는 서비스 특성이 채팅이다. 채팅은 FAQ나 고객센터처럼 정보나 지식을 물어보는 것에 국한된다. 사후 활동은 사용자 스스로 해결해야 하는 것이 지금까지 상식이었다. 즉 채팅 서비스는 실행이 안 된다는 한계가 있었다. 플러그인은 이를 해결했다. 호텔 검색만으로 끝내는 게 아니라 예약까지 해주는 것처럼, 실행 자동화를 가능하게 했다. 앞으로 챗GPT는 주로 다음과 같은 작업을 자동화하는 일에 많이 사용될 것이라고 한다.

- 대화 방식으로 문서 및 데이터베이스 쿼리 업데이트
- 소셜 미디어 콘텐츠 생성 및 게시 자동화
- 개인 및 전문 이메일 자동화
- 약속 및 업무 전화 예약과 취소
- 특정 요구 사항에 따른 식사 계획 생성
- 특정 기준에 따른 휴가 및 활동 계획
- 주어진 데이터 세트에서의 결과 요약
- 주어진 프로젝트의 특정 작업에 대한 코드 작성

챗GPT 플러그인이 나오자, 많은 전문가들이 챗GPT가 포탈이나 구글 같은 플랫폼으로 기능할 것이고, 나아가 앱스토어나 안드로이드 마켓 같은 생태계로 발전할 거라고 전망했다. 다음과 같은 이유에서다.

챗GPT 생태계의 확장, 양면 네트워크 효과

아직 챗GPT 플러그인은 속도가 느려서 버벅대거나, 외부 API가 다운되는 등 서비스가 불안하다. 그러나 현재 베타 버전이고, 서비스 불안정성은 차차 해결될 것이다. 현재 챗GPT 플러그인은 하루에도 십여 개씩 매우 빠른 속도로 늘어나고 있다. 챗GPT 사용자가 5억 명을 넘어서고 있고, 유료 서비스 회원도 상당한 상황에서 기업들이 챗GPT에 입점하려고 줄을 서는 건 당연하다. 챗GPT가 인기 있는 플랫폼이 되면서 나타나는 네트워크 효과 때문이다. 네트워크 효과란 어떤 상품이나 서비스를 소비하는 사용자 수가 늘어나면 늘어날수록 그걸 소비함으로써 얻게 되는 효용이 더욱 증가하는 현상이다. 전화기 도입이 대표적 사례인데, 더 많은 사람들이 전화기를 설치해야 통화할 사람들이 늘어나므로 전화 서비스의 가치가 증가한다. 수학적으로 네트워크의 가치는 사용자 수의 제곱에 비례하여 증가한다.

하지만 플랫폼 서비스는 이보다 좀 더 복잡한 양면의 네트워크 효과에 영향 받는다. 요즘 많은 기업들이 자신의 제품만 팔지 않고, 플랫폼을 도입한다. 제품 공급자 혼자서 소비자가 원하는 걸 다 제공해줄 수 없기 때문이다. 플랫폼을 만들어서 다른 공급자를 끌어들이는 것이다. 이런 플랫폼 비즈니스가 성공하려면 양면 네트워크 효과가 필요하다. 플랫폼은 소비자와 공급자 양면에서 네트워크 효과가 일어나야 한다는 뜻이다. 택시 앱을 생각해보면 이해가 쉽다. 승객이 많아야 운전자를 끌어들이고, 운전자가 많아져야 승객을 끌어들인다. 우버가 투자 받은 수백만 달러로 30달러짜리 무료 이용권을 찍어서 뿌리거나, 쿠팡이 적자를 보며 물류센터를 늘린 이유도 단기간에 많은 고객을 끌어들이기 위함이었다. 그래야 공급자들이 들어오고, 이 공급자들을 보고 더 많은 소비자들이 들어오는 선순환을 기대한 것이다.

그래서 플랫폼 사업자는 공급자와 수요자가 선순환하며 계속 늘어나도록 관리하는 게 관건이다. 사용자 한쪽만 봐서는 안 되고 생태계 전체를 봐야 한다. 공급자와 소비자 모두에게 가치를 줄 수 있어야 한다. 때로는 적극적인 큐레이션을 통해 공급자와 수요자 균형을 유지해야 한다. 즉 공급자와 수요자 들의 접근과 이들이 참여하는 활동, 그리고 다른 사용자들과 맺는 관계를 필터링하고 적절히 통제해야 선순환이 지속된다. 챗GPT가 현재 이러한 수순을 밟고 있다. 일단 엄청난 규모의 글로벌 사용자를 모았기 때문에 양면 네트워크 효과의 한쪽은 구축됐다.

게다가 챗GPT는 단순한 플랫폼이 아니라 '플랫폼+제품'이다. 즉, 앱스토어는 자기가 원하는 서비스 앱을 찾아 설치할 때 잠깐 들를 뿐이지만, 플러그인은 챗GPT에 서비스가 들어와 함께 제공되는 점이 다르다. 비즈니스 모델 관점에서도 앱스토어 같은 마켓 플레이스는 한번 거래 수수료를 받을 뿐이지만 챗GPT 플러그인은 사용할 때마다 수익을 올릴 수 있다.

많은 사람들의 전망대로 챗GPT가 인터넷을 지배할 수 있을까? 즉 가까운 미래에는 사람들이 구글 검색을 안 하고, 이메일도 접속하지 않고, 카카오 택시를 켜지도 않고, 여행갈 때 야놀자에 접속하지도 않고, 오로지 챗GPT만 접속해서 모든 일을 해결할 수 있을까?

이런 일이 어느 정도 일어날 수 있을지 다른 사례를 통해 고찰해본다. 디지털화로 기업과 고객이 실시간 연결되면서, 기업의 서비스가 점점 고객과 가까워지고 심화되다 보면, 고객 의사결정에 점점 깊숙이 침투하게 된다. 디지털 기술을 활용해서 고객 서비스 수준을 단계적으로 높인 분야가 프린터 비즈니스다. 과거부터 프린터 비즈니스가 어떻게 서비스를 고도화해왔는지 분석하면서 통찰을 얻어보자.

고객 친화적인 서비스가 없는 가장 원시적인 상태가 제품을 내놓고 고객이 골라가도록 하는 전략이다. 작은 사무실에서 개인 비즈니스를 하는 홍길동이 급히 문서를 출력해서 보내야 하는데, 프린터 토너가 떨어졌다. 짜증이 난 상태에서 10분 거리에 있는 사무용품 매장에 달려갔더니, 똑같이 생긴 카트리지가 빼곡히 전시돼 있다. 제품 사양과 정보를 훑어보고 사무실 프린터에 맞는 제품을 찾아냈다. 안타까운 건 패키지 상품만 있어서 단품을 찾아달라고 했더니, 재고가 없다고 한다. 어쩔 수 없이 패키지 상품을 사서 사무실에 왔더니, 프린터에 맞는 토너가 아니었다.

● 서비스 전략 발달 4단계

원시 상태보다 한 단계 발전한 서비스는 고객욕구에 반응하는 전략이다. 카트리지가 바닥났다. 홍길동은 온라인 쇼핑몰에서 프린터 모델을 입력해서 원하는 카트리지를 찾았다. 신용카드와 개인 정보가 입력돼 있어서 금방 주문을 끝냈다. 안타까운 점은 당장 쓰지 못하고 내일 새벽까지 기다려야 한다는 거다. 이 전략은 속도가 생명이다.

다음 단계는 상품과 서비스를 큐레이션하는 전략이다. 홍길동이 토너 카트리지를 주문하려고 온라인에 접속하면, 해당 쇼핑몰 사이트는 홍길동의 과거 구매기록을 바탕으로 필요한 제품을 자동 추천한다. 굳이 프린터 모델번호를 찾아 검색할 필요 없다.

사이트의 추천에 따라 주문하면 당일 또는 다음날 아침에 토너가 손에 들어온다.

여기서 더 발전한 서비스는 고객 행동코칭 전략이다. 홍길동이 쓰는 프린터 스스로 마지막 토너 카트리지 교체 시점 이후 얼마나 많이 출력했는지 횟수를 집계한다. 그런 뒤 이 정보를 프린터 제조업체에 전송한다. 업체는 곧 홍길동에게 새 토너가 필요하리라는 걸 알고, 새 토너를 주문할 시기가 왔다는 이메일을 보낸다. 홍길동은 지시에 따라 토너를 다 쓰기 전에 구매해, 토너가 떨어져서 프린터를 못 쓰는 일이 발생하지 않는다.

마지막 단계는 실행 자동화 전략이다. 홍길동은 프린터를 구매할 때 제조사가 토너 사용량을 원격 모니터링하고 잔량이 줄어들 때마다 새 토너를 보낼 것을 허용하는 계약서에 서명한다. 프린터 제조사는 홍길동 사무실의 프린터를 알아서 관리한다. 홍길동은 여러 귀찮은 일에서 해방된다. 토너 잔량이 충분한지, 어디서 주문할지 신경쓰지 않아도 된다. 토너가 필요할 때가 오면 사무실 초인종이 울리고 토너를 교체

▶ 연결전략의 종류

연결전략	상황	핵심역량	언제 효과적인가	적합한 고객
고객욕구 반응 (Respond to desire)	고객이 자신의 니즈와 니즈 반영 시점을 지정	고객 주문에 신속·효율적으로 반응	고객이 많은 정보를 보유할 때	데이터 제공을 꺼리고 주도권을 원하는 고객
상품 큐레이션 (Curated offering)	기업이 고객 맞춤형 선택지를 제공	고객 맞춤형 상품/서비스 추천	고객이 선택지가 많아 혼란스러울 때	데이터 제공을 꺼리지는 않지만 최종 결정권을 원하는 고객
고객 행동코칭 (Coach behavior)	기업이 니즈 충족을 위해 필요한 행동을 유도	고객 니즈 이해 및 풍부한 데이터 수집과 분석	고객이 타성과 관성에 젖어 목표 달성에 실패할 때	데이터 제공을 꺼리지 않고 조언에 거부감이 없는 고객
실행 자동화 (Automatic Execution)	기업이 고객이 요청하기도 전에 니즈 충족	고객 모니터링 및 실시간 데이터 해석과 실행	고객 행동이 예측 가능하고 실수에 따른 대가가 적을 때	데이터 제공을 꺼리지 않고 기업이 대신 결정해도 거부감이 없는 고객

자료: Nicolaj Siggelkow & Christian Terwiesch, 〈The Age of Continuous Connection〉, Harvard Business Review, May-June 2019.

하면 된다. 실제로 HP, 제록스, 신도리코 등 대부분의 프린터 업체가 기업에 이런 실행 자동화 서비스를 제공하고 있다.

● 실행 자동화 전략의 조건

실행 자동화 전략은 고객이 기업을 100% 믿고 있을 때 가능하다. 통상 프린터 업체 직원은 고객사 사무실의 비밀번호를 공유하고 있다. 이게 프린터가 아니라 금융이라고 생각하면, 실행자동화까지 가기가 쉽지 않다. 고객을 대신해서 투자 결정을 하게 놔두는 건 불가능하다. 이렇듯 실행 자동화 전략은 고객이 자신의 의사결정을 기업에게 전적으로 맡기는 만큼 커다란 신뢰가 필수적이다.

챗GPT 플러그인 서비스는 실행 자동화 전략과 비슷하다. 플러그인이 자동으로 사용자가 해야 할 행동을 대신하기 때문이다. 그러므로 사용자는 챗GPT를, 오픈AI를, 마이크로소프트를 100% 신뢰할 수 있어야 한다. 신뢰는 2가지 차원에서다.

첫째, 실행 자동화 전략과 마찬가지로 개인정보를 공유할 정도로 신뢰해야 한다. 플러그인 서비스 회사에 제공하는 정보를 챗GPT에도 공유해야 하기 때문이다. 이용하는 플러그인 서비스가 많을수록 다양한 정보를 챗GPT에 공유해야 한다.

둘째, 챗GPT의 기술적 특성으로 사람이 아닌 기계를 신뢰할 수 있느냐다. 앞에서 메타인지를 다룰 때 자세히 언급했지만, AI는 자기가 한 행동을 판단할 수 없다. 자기 행동을 판단하지 못하는 이런 특성은 AI 기술의 특성, 언어모델의 원리상 영원히 한계가 생길 수밖에 없다. 예를 들어, 호텔 예약을 무조건 최저가로 한다고 해도, 사람이 검색할 때는 호텔을 검색해보고 사진과 리뷰 등 다양한 정보를 판단해 약간 비싸지만 다른 호텔을 예약할 수도 있다. 이렇듯 사람의 의사결정에는 감성적인 부분이 들어간다. 사람은 자신이 결정을 잘하고 있는지 순간순간 판단하고 이상할 때마다 즉시 수정할 줄 안다. 메타인지가 있다. 이런 점에서 비서는 신뢰할 수 있지만, 챗GPT를 사람처럼 신뢰하기는 어렵다.

이런 신뢰의 문제 때문에 챗GPT가 인터넷을 지배하는 데는 한계가 있을 것이다. 사용자 증가로 챗GPT 플러그인 수는 지속적으로 늘어나겠지만 모든 분야의 실행 자동화를 담당하긴 어려울 것이다. 호텔 예약 정도는 할 수 있다 치자. 하지만 병원을 예약해서 치료를 받거나, 금융 상품을 알아보고 가입을 하는 것까지 챗GPT를 신뢰할 수 있을까? 온라인 패션몰이 신뢰 가능해도 비싼 제품은 아직도 백화점이나 오프라인 매장에서 사는 사람이 많다. 그러므로 플러그인 서비스는 단순 예약이나 이메일 자동화, 소셜 미디어에 콘텐츠 게시 등 많은 고민이 필요 없는 것에 한해서 기존 서비스를 대체할 것이다.

디지털화로 대부분의 영역에서 기업과 고객이 실시간 연결됐지만, 프린터 비즈니스처럼 실행 자동화가 완벽하게 일어나는 분야가 아직도 별로 없다는 게 많은 걸 시사해준다. 모든 걸 맡기기가 쉽지 않다.

6장

챗GPT,
안 쓰면 뒤처진다
기업에서 어떻게
활용해야 하나?

개인 사용자만 아니라, 기업들도 큰 관심을 갖고 챗GPT를 활용하기 시작했다. 당장 수많은 기업들이 챗GPT를 활용해서 고객 응대 서비스 기능을 출시했다. 챗GPT가 사람 같은 대화를 생성하므로 고객 응대 서비스로 활용하는 것은 당연하다. 그러나 이런 고객센터 기능 외에도 신약개발이나 반도체 설계 같은 연구개발, 마케팅이나 사업 기획, 인사, 채용 등 업무 혁신 등에도 쓰일 수 있다. 기업에서 이뤄지는 다양한 업무에서 생산성을 높일 수 있다.

　때마침 MIT에서 챗GPT가 생산성을 어느 정도 향상시킬 수 있는지 흥미로운 비교 실험을 실시했다.[6] 연구자들은 마케팅, 컨설턴트, 데이터분석가, 인사관리 담당자, 일반 관리자 등 444명의 사무직 근로자를 대상으로 챗GPT를 사용하는 그룹과 사용하지 않는

---

6 Noy & Zhang, 〈Experimental Evidence on the Productivity Effects of Generative AI〉, 2023. 3.2

그룹으로 반반씩 나눠 업무를 수행하게 했다. 보도자료 작성, 요약 보고, 분석 계획서, 업무관련 이메일 등 20~30분 정도 소요되는 업무를 수행하도록 했다. 그리고 결과를 소요시간과 일의 품질 등급으로 나눠서 평가했다.

예상대로 챗GPT를 사용한 그룹의 생산성이 높게 나왔다. 업무 시간이 37%나 빨라졌는데, 일반 그룹은 평균 27분이 걸렸지만, 챗GPT를 사용한 그룹은 평균 17분으로 대폭 줄어들었다. 그리고 업무 결과를 평가한 후 품질을 비교해봤더니 챗GPT를 사용한 쪽이 더 높은 등급을 받았다. 챗GPT를 쓴 그룹의 등급 평균이 7점 척도에서 4.54점으로, 쓰지 않은 그룹의 3.79점에 비해 0.75점이나 높

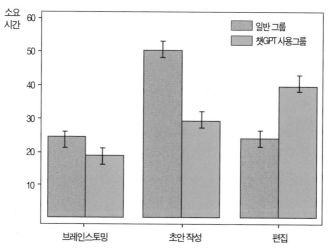

▶ 챗GPT가 세부 업무에 미치는 영향

자료: Noy & Zhang,
〈Experimental Evidence on the Productivity Effects of Generative AI〉, 2023. 3.2

았다.

두 그룹의 결과를 세부 업무로 쪼개서 조사했더니 더 흥미로운 결과가 나왔다. 사무 업무는 브레인스토밍, 초안 작성, 편집 등 세 부분으로 구성된다. 문서 작성 시간이 브레인스토밍은 전체의 25%, 초안에는 50%, 편집은 25%가 소요된다. 그런데 챗GPT를 활용했더니, 브레인스토밍에 시간이 약간 줄어들었고, 초안 작성에 3분의 1 이상 시간이 대폭 줄었고, 편집에는 다소 시간이 늘어났다. 편집 작업에 집중함으로써 업무 결과의 품질이 높아진 것이다.

즉, 챗GPT는 사람이 하는 업무 중 아이디어를 모아서 백지에 그림을 그리는 단계에서 가장 도움이 된다는 의미다. 문제발견 업무다. 재미있는 것은 문제발견이 인간이 더 잘할 수 있는 영역으로 AI가 발달해도 끝까지 인간이 쥐고 있는 영역이란 사실이다. 새롭게 문제를 정의하고, 백지에 그림을 그리고, 아이디어를 모아서 방향을 결정하는 일은 매우 인간적이고, 시간이 가장 많이 드는 분야다. 논리적인 문제해결 영역은 순서에 따라 꼼꼼하게 일하면 진행되는 것으로, 이미 AI를 비롯한 다양한 도구들의 도움을 많이 받고 있다.

기업에서 챗GPT를 활용해서 성과를 창출할 수 있는 분야가 아주 다양한데, 크게 나눠보면 이렇다. 우선 기업 내부 활용과 외부의 고객 서비스를 혁신할 수 있다. 기업 내부 활용은 두 가지로 나뉘어, 연구개발 등 가치창출에 사용할 수 있고, 사무 업무를 개선해서 비용을 줄이는 업무 효율화에 사용할 수 있다. 재미있는 것은 이런 세부 영역에서도 모두 문제발견에 큰 도움을 받을 수 있다는 점이다.

챗GPT를 활용한 가치창출 혁신, 문제발견에 탁월

챗GPT가 언어모델이지만, 패턴인식 성능이 뛰어난 생성 AI로, 대화 생성 말고도 다양한 분야에 활용될 수 있다. 신약개발이나 신소재 연구, 반도체나 부품 설계 및 디자인, 건축 설계, 데이터 합성 등 다양한 산업에서 연구개발이나 제품개발에 활용 가능하다. 이 같은 연구개발은 귀납적 연구개발과 연역적 연구개발로 나눌 수 있다. 귀납적 연구개발이란 발견적 연구개발로 수많은 실험을 통해 사람에게 필요한 기술을 발견하는 것이다. 신약개발이 대표 사례다. 연역적 연구개발은 이론이나 지식을 활용해서 작동하는 물건을 만드는 것으로 전자부품 설계가 대표적이다.

신약이나 신소재개발 같은 발견적 연구개발은 효과를 갖는 기술을 찾아내기 위해 초기 수많은 시행착오가 필수적이다. 신약개발은 안전성 시험을 통과해 임상에 들어가더라도 최종적으로 승인되기까지 성공할 확률이 7.9%에 불과할 정도로 실패가 예정된 분야다.[7] 그러므로 개발 초기에는 다양한 후보 물질을 합성 또는 배양

---

7 약업신문, 〈 'FDA 임상시험 성공률' 분석 결과 최종 승인까지 단 7.9%〉, 2021. 11. 4.

한 후 안전성과 효과를 입증하는 일을 무수히 거쳐야 한다. 그러면서 물질 구성과 작용에 대한 지식과 메커니즘을 익히면서 성공으로 한 걸음씩 나아간다.

신약이나 신소재개발에서 챗GPT를 사용할 수 있는 이유는 물질을 분자기호로 나타낸 정보가 언어와 비슷하기 때문이다. 사실 화학물질은 줄표기법(Line Notation)으로 표현하면 언어보다 더 간단한 기호로 표현된다. 줄표기법은 SMILES(Simplified Molecular-Input Line-Entry System)라고 불리는데, 화학물질의 분자구조를 선형 문자열로 표기하는 방법이다. 화학물질이 가진 요소를 원자 (atom), 결합(bond), 고리(ring), 방향족(aromaticity), 가지(branch) 등으로 나눠 문자화한 것이다. 메탄올은 H3C와 OH가 결합된 형태인데, 이를 SMILES로 표시하면 CO다. 수소는 생략하기 때문. 아세틸렌은 HC와 CH가 삼중결합돼 있는데, 이를 SMILES로 표시하면 C#C다. 아무리 복잡한 분자도 좀 긴 알파벳과 기호로 표기할 수 있다. 신약개발은 독성을 확인하고 약효를 검증하는 과정인데, AI를 이렇게 사용한다. 기존에 밝혀진 물질이 인체에 있는 단백질과 결합해서 어떤 작용을 하는지에 대한 대량의 데이터를 학습한 후, 새로운 후보 물질이 단백질과 결합해서 어떤 결과가 생기는지 예측한다. 이런 작업은 챗GPT가 문장 중간에 있는 빈칸에 들어갈 단어를 생성하는 메커니즘과 비슷하다. 새로운 물질을 합성해서 독성과 약효를 검사하려면 실험쥐에게 실험하는 과정을 거쳐서 결과를 지켜봐야 하는데, 인공지능 기술을 이용해서 쉽게 결과를 예측할 수 있으면 상당한 시간을 절약할 수 있다. 신약개발에 들어가는 시간을 절반 가까이 단축할 수 있단다.

신약개발은 유전체 분석에 생성 AI 기술이 활용되면서 더욱 편리해졌다. 미국 바이오테크 스타트업 제너레이트바이오메드신즈 (Generate Biomedicines)는 아예 단백질 구조 설계용 AI를 내놨다. 크로마(Chroma)라 불리는 이 제품은 단백질 데이터 뱅크에서 단백질과 단백질 복합체의 구조와 아미노산 서열의 패턴을 학습했다. 크로마 사용자는 특정 조건에 따라 아미노산 서열을 결합해서 단백질을 생성할 수 있다. 이 서비스를 활용하면 신약 후보 물질과 특정 질병의 단백질이 결합됐을 때 독성 반응이 검출되는지, 약효는 어느 정도인지 분석할 수 있다.

그런데 챗GPT 같은 인공지능만을 사용해서 신약개발에 성공한 사례는 거의 없다. 인공지능 기술은 대부분 신약개발의 초반에 활용되기 때문이다. 여러 후보 물질을 합성한 후 독성이 있는지 검사해서 독성이 있으면 떨어뜨리는데 매우 효과적이라고 한다. 신약개발은 수많은 후보 물질을 실험을 통해 걸러내는 과정인데, 이 과정에서 인공지능을 사용하는 것이다. 즉 챗GPT를 수많은 오류를 검증해서 문제를 올바르게 정의하는 문제발견에 활용하는 것이다. 이후 후보 물질의 약효 가능성이 입증돼 방향성이 정해지면 다양한 문제를 해결해 나가는 과정이 이어진다.

이처럼 신약이나 신소재개발에서 챗GPT는 문제발견에 특히 도움이 되는데, 건축설계에서도 마찬가지다. 건축설계는 건물의 전체 이미지 결정과 논리적 기능 설계로 이뤄진다. 건축가들은 우선 건축의 콘셉트를 먼저 확정한 후, 여기에 방, 화장실, 문, 창문 등의 기능을 고객의 요구에 맞게 배열한다. 따라서 콘셉트 이미지를 정하는 단계는 직관적이고 창의적인 작업이고, 기능을 설계하는 단계는 매우 논리적이다. 앞 단계는 문제발견이라 말할 수 있고 뒤의 과정은 문제해결의 연속이다. 요즘 건축가들은 고객의 요구사항을 들은 후, 사진 자료가 풍부한 핀터레스트 같은 사이트에서 수백 장의 사진을 검색한 후 아이디어를 얻고, 이를 조합하여 콘셉트를 고민한단다. 그런데 미드저니 같은 이미지 생성 AI 서비스를 사용하면 아이디어를 내고 정리하는 과정을 매우 빠르게 진행할 수 있다. 건축설계에서도 생성 AI는 문제발견에 큰 도움이 된다.

물론 반도체나 전자부품 설계 같은 연역적 연구개발은 약간 다르다. 반도체 설계에서 부품 배치를 최적화하고, 전자부품에서 소자의 배열과 배선을 결정하는 것은 모두 코딩으로 이뤄진다. 챗GPT가 코딩을 생성하고 검수하는 데 탁월하므로, 반도체나 부품 설계 과정에서 오류를 걸러낼 수 있다. 이는 문제해결 활동인데, 이를 지원하는 도구는 지금도 많이 존재한다. 다만 반도체 설계에서도 특정한 목적의 반도체 구조를 구현하기 위해 아이디어를 얻어야 할 때, 챗GPT가 도움이 될 수 있다. 반도체나 부품 설계에서도 초반 아이디어가 필요한 문제발견의 상황에서는 챗GPT의 도움을 효과적으로 받을 수 있다.

소프트웨어 개발도 마찬가지다. 챗GPT는 일상어를 코딩으로 전환해주는 능력이 탁월하므로, 시스템 설계나 소프트웨어 개발 과정에서 코딩 문제를 쉽게 해결할 수 있다. 그러나 1장에서도 설명했듯이, 개발 업무에서 더 중요하고 어려운 것은 고객 경험을 설계하고 서비스의 아이디어를 구체화하는 과정이다. 챗GPT는 이 단계에서 더 효과적일 수 있다. 코딩 오류를 잡아내는 도구는 다른 것도 많기 때문에, 보안 이슈가 있는 챗GPT를 활용하지 않고 다른 도구를 사용해도 된다. 그러나 개발 아이디어를 구체화할 때는 챗GPT 같은 초거대 언어모델이 큰 도움이 된다.

챗GPT를 활용한 업무효율성 혁신, 비용을 고려해야

챗GPT는 초거대 언어모델로 문서의 이해, 요약, 생성에 강하다. 기업에서 사무직 업무의 30%는 문서의 정보를 다루는 일이라고 한다. 그러므로 상품기획, 개발, 생산, 영업, 마케팅, 물류, 구매, 인사, 재무, 법무 등 기능부서에서 다루는 문서 관리를 효율화함으로써 생산성을 향상시킬 수 있다. 앞서 연구개발 업무에 대해 언급했는데, 연구개발 업무에서도 기술문서 학습, 국내외 논문과 특허 요약, 경쟁 기술 정보 분석 등 문서 작업이 매우 많다. 이런 일을 할 때 챗GPT를 활용하면 시간을 절약할 수 있다.

인사관리에서 채용 업무를 예로 들어 설명해본다. 채용을 위해서는 채용 공고, 이력서 수취 및 평가, 면접 진행, 채용 등의 프로세스로 일이 진행된다. 각 단계에서 상당한 양의 문서작업이 수반되는데, 챗GPT가 각각의 업무를 혁신할 수 있다. 채용 공고 문안 작성 시 인사담당자가 필요한 직무 역량, 업무 내용, 기대하는 결과 등에 대한 정보를 제공하면 챗GPT가 그 정보를 바탕으로 산업과 직무에 특화된 채용 공고문을 작성할 수 있다. 이후 이력서가 들어왔을 때, 챗GPT는 이력서를 자동으로 분석하고, 필요한 정보를 추출해서, 지원자의 적합성을 평가할 수 있다. 인사담당자를 위해서 이력서 내용을 짧게 요약할 수도 있다. 이후 면접이 정해지면, 챗GPT는 지원자의 이력서에 기반하여 지원자의 역량을 검증할 수 있는 맞춤형 질문을 생성해서 면접관에게 제공 가능하다. 동시에 회사의 인재상과 특정 직무에 필요한 역량을 검증하는 질문을 생성할 수 있다. 이외에도 채용 프로세스 진행과정에서 지원자들의 질문에 대해 적합한 답변과 설명을 제공함으로써 지원자들이 불만이 없도록 대응할 수 있다. 이처럼 챗GPT는 채용 업무를 자동화하고 효율화함으로써 업무 혁신을 이룩할 수 있다.

그런데 기업의 업무 혁신은 챗GPT 단독으로 쓰이지 않고 다른 머신러닝 기술이나 IT와 결합된 형태로 이뤄질 것이다. 기업에서의 업무는 부서별로 필요한 정보들이 처리되어 의사결정이 이뤄지는 쪽으로 진행된다. 다양한 문서와 소스로부터 사람이 정보를 처리하고 요약해서 다음 단계로 넘기면 일의 경중에 따라 다음 단계, 혹은 그 다음 단계에서 정보 처리와 분석에 기반해서 의사결정이 이뤄진다. 이런 정보처리 프로세스는 어느 정도 정형화되어 있다.

지금까지 이 프로세스를 자동화하고 IT로 구현한 제품들이 많이 나왔다. 그런데 이 프로세스에서 정보를 요약하고 처리하는 역할은 인간이 맡았다. 챗GPT가 이런 제품들과 결합되어 업무효율성을 더 끌어올릴 수 있다. 그림 〈비즈니스 부문별 AI 활용 내용〉처럼 경영지원, 연구개발, 생산관리, 물류·유통, 마케팅, 영업, 고객서비스 등 기업의 세부 기능부서에서 생성 AI와 머신러닝 기술을 적용한 혁신이 일어나고 있는데, 핵심은 자동화와 정보처리(정보 습득, 이용, 요약, 해석, 생성)다. 지금까지 정보처리는 인간이 맡아왔는데, 챗GPT가 이를 대신할 수 있게 된 것이다.

▶ 비즈니스 부문별 AI 활용 내용

자료: 삼정KPMG 경제연구원, 〈챗GPT가 촉발할 초거대 AI 비즈니스 혁신〉, 2023. 4.

여기서 한 가지, 챗GPT 열풍이 한창인 지금 기업들이 간과하고 있는 게 있다. 챗GPT를 활용해서 업무효율화를 꾀했을 때 얻을 수 있는 이익과 비용을 따져봐야 한다는 거다. 현재 오픈AI는 챗GPT를 무료로 제공하고 있고, 월 20달러 유료 서비스인 챗GPT 플러스를 개인에게 제공하고 있으며, 파인 튜닝 등 맞춤 서비스 이용을 위한 API 사용료는 토큰 1,000개당 0.002달러다. 지금은 상당히 저렴하지만 앞으로 가격 인상 가능성이 있다. 챗GPT 개발과 운영에만 상당한 비용이 들어가기 때문이다.

컨설팅 기업 세미애널리시스는 오픈AI가 챗GPT를 운영하기 위해 엔비디아의 HGX A100 서버 3,600여 대, 총 2만 8,900개의 GPU가 필요하다고 분석했다. 하루에 약 70만 달러가 든다. 하드웨어 비용으로만 1년에 3천억 원이 넘게 든다. 이보다 두 배로 추산한 자료도 많다. 이 회사는 구글의 검색을 챗GPT로 했을 때도 분석했는데, A100 HGX 서버 51만 대와 네트워크 인프라 포함한 장비 비용만 1,000억 달러, 130조 원이 들어간다고 분석했다. 모든 사람이 챗GPT를 구글처럼 쓰게 돼도 문제다.

그래서 앞으로 기업은 챗GPT를 활용하는 시스템을 구축할 때 신중해야 한다. 처음부터 각자 비즈니스 목적에 맞게 자신에게 최적화된 형태로 구축하는 게 좋다. 구축 방법에 여러 옵션이 있다. 먼저 직원들이 챗GPT 사이트에 들어가서 그대로 사용하게 하는 것이다. 이 경우 회사 기밀 정보 유출 등 보안 이슈가 있으므로 주의해서 사용해야 한다. 이 이유 때문에 삼성이나 애플처럼 챗GPT를 그대로 사용하는 것을 금지한 회사도 많다. 둘째는 챗GPT 등 초거대 언어모델을 간단하게 파인 튜닝해서 사용하는 방법이다. 챗GPT의 API를 사용해서, 우리 회사 도메인 관련 정보가 우선적으로 분석되고 생성되도록 할 수 있다. 이 방법은 그대로 사용하는 전략에 비해 챗GPT를 회사 내로 가져오지만, 사용하는 모델은 차이가 없어서 결과의 차이도 크지 않다. 셋째는 우리가 보유한 고유 데이터로 파인 튜닝한 후 우리 회사만의 챗GPT를 만들어 사용할 수 있다. 가령 병원에서 보유한 방대한 의료관련 데이터로 파인 튜닝한 후 사용자에게 서비스를 하는 경우가 이런 경우다. 챗GPT에서는 제공할 수 없는 최신 의료정보와 맞춤형 의료정보를 제공할 수 있다. 넷째는 셋째와 비슷한 방법이지만 좀더 적극적인 방법이다. 별도의 앱을 개발하여 챗GPT를 그 앱 내에 넣어서 사용하는 방법이다. 앱 내에 챗GPT 기능을 별도로 구성할 수도 있고, 일체화해서 사용자가 챗GPT를 사용하는지 회사가 보유한 AI를 사용하는지 모르게 할 수도 있다. 다음 절에서 소개할 챗GPT를 활용한 고객서비스가 이런 형태로 만들어진 게 많다. 장기적으로는 기업 내 사용도 이런 방법으로 수렴될 것이다. 이렇게 해야 토큰 사용량을 줄일 수 있기 때문이다. 가령 이전에 나왔던 질문에 대한 대답을 데이터베이스에 저장하고 있다가 챗GPT로 가지 않고 답변할 수도 있고, 방대한 양의 질문을 축약해서 챗GPT로 보내는 방식으로 토큰 사용량을 절약할 수 있다.

다음으로는 챗GPT를 사용하지 않고 초거대 언어모델(LLM)의 오픈 소스를 가져와서 우리 회사에 적합한 소규모 LLM을 구축하는 방법이다. 이 전략은 초거대 언어모델을 온전히 소유해 마음껏 활용할 수 있다는 점이 장점이다. 의료, 법률, 학술연구, 심리상담, 문화예술 등 특화된 분야에서 특정 용도로 사용할 때 효과적이다. 다만 구축 시 비용이 많이 들어가고, 재학습을 해줘야 할 경우에 역시 비용이 또 들어간다는 불편함이 있다. 마지막으로 챗GPT를 고객 서비스에 활용할 때, 플러그인으로 입점해서 서비스를 챗GPT 이용자에게 소개하는 방법도 있다.

챗GPT 생태계는 방금 만들어졌으므로, 앞으로 어떤 방향으로 진화할지 아무도 모른다. 다만 업무효율화에 사용할 경우에는 챗GPT시스템을 성급하게 구축하지 말고 비용과 편익을 따져보고 합리적인 방법을 택해야 한다. 챗GPT 같은 생성 AI 사용이 활성화되면, 이 기술은 검색보다 훨씬 돈이 많이 들어가는 기술이므로 기업은 토큰 이코노미를 신중하게 따져야 한다.

▶ 기업의 챗GPT 활용 시스템 구축 방법

활용 방법		내용
최신 LLM 활용	그대로 사용	- 챗GPT를 그대로 활용하도록 함 - 보안 등의 이슈로 사용에 주의 필요
	파인 튜닝 후 회사용으로 사용	- 회사에서 자주 사용하는 도메인 용으로 파인 튜닝 후 사용 - 그대로 사용하는 방식보다는 낮지만 결과 차이가 크지 않음
	전용 데이터로 파인 튜닝 후 사용	- 회사에서 보유한 데이터를 활용, 맞춤형 파인 튜닝 후 사용 - 맞춤형 데이터를 학습, 우리 회사만의 모델로 활용
	별도의 앱을 개발해서 사용	- 사용목적에 맞게, 별도의 앱을 개발해서 사용자 편의 극대화 하는 방향으로 사용 - 사용자는 어디까지가 회사 내 시스템이고 어디까지가 챗GPT 사용 영역인지 모름 - FAQ는 회사 앱에서 대답하고, 새로운 질문만 챗GPT를 사용 하는 등 토큰 사용량을 줄일 수 있음
Small LLM(vertical LLM)		- 오픈 소스를 활용해서 보유 데이터를 학습, 자신의 영역에서 만 활용할 수 있는 목적형 언어모델을 개발해서 활용 - 의료, 법률, 교육 등의 분야에서 맞춤된 서비스 제공 - 범용적으로 활용하지 못하지만, 회사 맞춤형 모델을 보유하 여 차별화된 서비스 가능
플러그인 입점		- 플러그인에 들어가서 챗GPT 고객에게 회사 서비스 판매 (다음 내용에 나오는 고객서비스 혁신 방안)

요컨대, 기존 IT와 머신러닝 기술이 챗GPT 등 생성 AI 기술과 결합돼 기업의 업무효율성을 혁신할 것이다. 이 중에서 챗GPT는 사람에게 의존하던 정보처리 업무를 편리하게 만들어줄 것이다. 그리고 사람들은 주로 아이디어를 내거나 문서의 초반 부분에서 더 많은 도움을 받을 것이다. 기획안의 스토리를 만들거나, 마케팅 전략의 아이디어를 도출하거나, 맞춤형 서비스 개념을 잡을 때 같은 경우이다. 즉 챗GPT 등 생성 AI는 문제발견에 요긴하게 쓰인다.

챗GPT를 활용한 고객서비스 혁신, AI가 아니라 고객이 중심

챗GPT에 사람들이 열광하자 기업들은 발 빠르게 챗GPT를 활용한 서비스를 내놨다. 챗GPT가 대화형 서비스이므로, 고객 응대처럼이 기능을 그대로 가져다 쓰는 서비스가 많았다. 다음은 주요 사례.[8]

미국판 카카오톡으로 불리는 메신저 서비스 스냅챗은 '마이 AI'를 월 3.99달러에 출시했다. 회원이 다른 회원과 대화하듯 사용할 수 있는 챗봇이다. 짧은 시를 쓰거나 생일선물 아이디어를 제공하는 등 재미있고 경쾌한 감성대화를 제공하는 챗봇 서비스다.

재미와 교육을 결합한 온라인 학습도구 서비스 퀴즈렛은 오픈AI와 협업하여 적응형 AI 튜터인 Q-Chat을 오픈했다. 퀴즈렛은 어휘

---

8 디지털 트랜스포메이션, 〈기업 비즈니스에 챗GPT를 어떻게 활용하고 있나?〉, 2023. 5.

학습, 모의고사와 같은 교육용 데이터를 GPT-3를 활용해 학습시켰다. Q-Chat은 재미있는 채팅 질문 속에 학습자료를 넣어 제공함으로써 단어 암기 등 학생들이 숙달하고 싶은 분야의 학습을 더 쉽게 유도하도록 만들었다.

언어 학습 앱 스픽은 서비스 자체가 채팅이나 말하기와 같은 대화를 통해서 언어 능력을 늘리는 것이다. 챗GPT를 활용하여 더 자연스런 대화 서비스를 만들었다.

클라우드 서비스 기업 배스핀글로벌은 대화형 인공지능 서비스를 위한 통합 플랫폼 '헬프나우AI'에 오픈AI의 GPT 기술을 도입해 자동 응답 기능을 고도화했다. GPT 기술을 적용하여 고객의 질문에 대해 능숙한 답변을 하는 AI 챗봇과 보이스봇을 개발한 것이다. 이 서비스는 모호한 질문에도 응답을 회피하지 않고 정확도가 높은 답변을 자체적으로 만들어냄으로써, 단기간 현업에 바로 적용할 수 있는 수준의 대화가 가능해졌다.

엔터테인먼트 중심의 뉴스 및 커뮤니티 사이트인 버즈피드는 챗GPT를 디지털 퍼블리싱과 콘텐츠 제작에 활용하고 있다. 구독자를 위한 일부 콘텐츠를 개인화하여 AI가 콘텐츠 큐레이션에 그치지 않고 콘텐츠 자체를 제작하는 데까지 나아가고 있다.

개인 투자 지원 서비스 뉴지스탁은 챗GPT를 활용해 고객 서비스를 강화하고 있다. 투자자들이 보유한 주식 포트폴리오에 대한 테마분석과 비중 제안을 제공하는 서비스를 추가했고, 투자자가 보유한 종목을 넣고 GPT 포트폴리오 분석을 클릭하면 챗GPT가 알아서 포트폴리오 테마와 전망을 분석해준다.

인스타카트는 고객이 음식에 대해 질문하면 이에 대한 답변을 제공할 뿐만 아니라 쇼핑 가능한 제품을 추천하도록 앱을 보강했다. 올해 말에는 Ask Instacart 출시를 계획 중이다.

쇼피파이는 AI 쇼핑 어시스턴트를 출시했다. 챗GPT를 활용하여 챗봇 형태의 쇼핑 어시스턴트 기능을 강화했다. 쇼핑 어시스턴트는 고객이 제품을 검색하면 개인화된 추천을 제공한다. 고객이 질문하면, 수백만 제품을 스캔하여 고객의 요구에 가장 적절한 제품을 찾아서 추천함으로써 곧바로 쇼핑할 수 있게 만들었다. 챗GPT에 플러그인이 장착된 형태의 서비스를 쇼피파이 내에서 사용하는 것과 같다.

신차구매 플랫폼 겟차는 챗GPT가 도입된 차량 추천 AI 서비스를 출시했다. 그러니까 과거처럼 드롭다운 목록처럼 정형화된 UI에서 차량 조건을 선택하는 게 아니라, 차량 추천 AI 채팅을 통해 연령, 성별, 차량 브랜드 등 원하는 조건을 대화하듯 자연스럽게 입력하면 인공지능 챗봇이 그에 맞는 차량을 추천한다.

골프생활 플랫폼 김캐디도 골프전문 챗봇, AI 김캐디 베타 서비스를 오픈했다. "타이거 우즈와 로리 맥길로이의 플레이 스타일의 차이를 알려줘" 등과 같이, 골프와 관련 있는 질문 중 이전에는 답할 수 없었던 어려운 질문에도 막힘 없이 답변을 제공한다.

이외에도 세무 서비스 삼쩜삼, 헬스케어 플랫폼 굿닥, 코딩교육 업체 팀스파르타, 코딩교육 업체 엘리스, 채용 플랫폼 원티드랩, 여행 플랫폼 마이리얼트립 등은 모두 각 기업의 서비스를 더 쉽게 체험할 수 있는 고객 응대 챗봇 서비스를 내놨다. 이런 서비스들은 대부분 챗봇 기반의 고객 응대나 가상 비서 서비스다. 몇몇 기업은 여기에 자기가 가지고 있는 추천 기술을 접목해서 고객 응대+상품 추천을 결합한 정도다. 이 책을 쓰고 있는 시점이 챗GPT가 출시된 지 반년이 지났을 때인데, 아직 기업들이 '수준 높은 대화 기술'말고는 뭘 적용해야 할지 모르고 있는 상태인 것 같다.

챗GPT를 활용한 고객서비스 혁신은 인공지능 기술을 중심에 두고 생각하면 고객이 놀랄만한 게 나올 수 없다. 고객을 중심에 놓고 생각해야 한다. 우리 제품에 대한 사용만족을 극대화하는 방법을 고민하는 게 먼저다. 즉 고객이 우리 제품을 더 잘 쓰고, 더 자주 쓰고, 더 만족스럽게 쓰게 하기 위한 방법을 생각하는 게 우선이다. 그걸 구현하는 과정에서 챗GPT를 사용할 수 있으면 그때 기술을 접목하는 것이다. 기술이 먼저가 아니라 고객이 먼저다.

세일즈포스 역시 챗GPT를 탑재한 서비스를 내놨다. 자체 인공지능 플랫폼인 아인슈타인과 결합하여 아인슈타인 GPT를 출시했다. 이 플랫폼은 영업, 서비스, 마케팅 등 고객관리 전 영역에 생성 AI 기술을 적용했다. 그래서 직원이 회사 내에서 업무 관련도 높은 사람에게 메일을 보내고 싶은 경우, "이 업무와 가장 관련 있는 직원은 누구야?"라고 아인슈타인 GPT에게 물으면 즉시 관련도 높은 직원 명단을 제시한다. 사용자가 이 중 원하는 사람을 선택하고 '이메일 작성' 버튼만 누르면, 아인슈타인 GPT는 관련 업무에 대한 이메일을 자동 생성한다.

세일즈포스는 고객관리 플랫폼 서비스업체인 만큼, 세일즈포스에 들어와서 고객이 무슨 일을 하는지, 그 각각의 일들을 다 잘할 수 있게 만들 수 있는 방법은 무엇인지 고민하는 과정에 아인슈타인 GPT를 개발한 것 같다. 그래서 챗GPT 기술만이 아니라 자체 보유하고 있는 AI를 접목시켜 서비스를 만들었다.

1장에 뛰어난 개발자는 뛰어난 기획자이고, 그는 만족스런 고객 경험을 설계할 수 있어야 한다고 하면서, 그 방법을 언급했다. 챗GPT를 활용해서 고객서비스를 혁신하려는 기업이 귀담아 들어야 할 지침이다. 그 중 몇 가지는 고객서비스 혁신의 원칙으로 삼을 만하다.

- 고객의 제품 사용 여정을 따라가라.
- 경쟁 제품이 아니라 고객 행태를 분석하라.
- 고객 불만 데이터보다 고객 사용 데이터에 집중하라.
- 고객 수 늘릴 방법보다 고객 사용시간 늘릴 방법을 고민하라.

챗GPT, 고유의 데이터를 활용해야

챗GPT를 기업에서 활용할 때 차별화 경쟁력이 어디서 나오는지 생각해보자. 이를 위해 렌사AI(Lensa AI) 사례를 살펴본다. 지난 해 12월 초 렌사AI의 인공지능 기반 아바타 생성 사진 앱이 전 세계적으로 화제를 모았다. '매직 아바타'는 사진 10~20장을 업로드하면 디지털 아티스트가 만든 것과 같은 환상적인 초상화를 몇 분 만에 만들어주는 서비스였다. 이 서비스는 출시 1주일 만에 미국 앱스토어에서 다운로드 1위를 기록했다. 렌사AI의 매출도 챗GPT 가입자처럼 수직 상승했다. 평소 10억 원 내외를 유지하던 매출이 지난해 12월 한 달에만 500억 원 가까이 뛰어 올라간 것이다. 엄청난 성공가도에 올라탄 것으로 생각했지만, 이 인기는 오래가지 못했다. 올해 1월부터 유사 서비스가 범람하면서 순식간에 고객들이 발길을 돌린 것이다. 렌사AI는 스태빌리티AI의 이미지 생성 서비스인 스테이블 디퓨전을 채택하고 있는데, 이게 오픈 소스로 공개된 것이다. 렌사AI의 서비스가 인기를 끌자, 스테이블 디퓨전을 활용한 똑같은 서비스가 우후죽순 생겨났다.

다른 사례와 비교해보자. 챗GPT가 인기를 끌고 렌사AI에 열광하던 시기, 미국 캘리포니아주의 바이오기업 프로플루언트 바이오(ProFluent Bio)가 AI를 이용한 인공 단백질 염기서열 설계 논문을 〈네이처 바이오테크놀로지〉에 발표했다. 프로플루언트 바이오는 초거대 언어모델(LLM)을 활용해서 총 2억 8,000만 개의 단백질 아미노산 배열을 학습해, 프로젠(ProGen)이라는 모델을 만들었다. 프로젠을 활용하여 합성한 인공 단백질이 자연적으로 생성된 단백질과 최소 72.6% 이상 같다고 한다. 이 회사의 독창적인 기술을 수많은 제약업체에서 신약개발에 활용하려고 하고 있다. 그런가 하면, 중장비 제조회사인 캐터필러(Caterpillar)는 사물인터넷(IoT) 센서 데이터를 사용해 자사의 제품을 손쉽게 유지보수할 수 있는 생성 AI 모델을 개발했다. 부품이 떨어지기 전에 예방 서비스를 제공해 제품 수명을 개선하고 있다.

두 회사가 렌사AI와 다른 점은 자신의 고유한 데이터를 확보하고, 이를 학습해서 자신만의 AI 모델을 개발했다는 것이다. 이처럼 챗GPT와 같은 생성 AI를 활용한 혁신이 경쟁우위를 가지려면 기업 자체적으로 고유한 데이터를 보유해야 하고, 그 데이터의 품질이 높아야 한다.

한편, 앞으로 기업에서 챗GPT 활용이 일상화된다면, 이제 사람들의 업무 성격도 바뀔 것이다. 예를 들면 지금까지 마케터는 소비자의 니즈가 어떻게 변하는지 감지하고 이를 사로잡을 수 있는 콘텐츠를 제작하는 데 업무 대부분의 시간을 보냈다. 앞으로는 프롬프트 엔지니어링과 생성 AI가 내놓는 결과물의 품질 검사에 더 많은 시간을 쏟을 것이다. 생성 AI가 자연스러운 정보를 만들어내지만 할루시네이션은 피할 수 없으므로, 사실 관계를 검수하는 일이 필수가 될 것이다.

7장

AI 실력의 역설
AI 활용할 수 있는
인사이트를 높이려면?

챗GPT가 사람들에게 선풍적인 인기를 끌면서, AI 분야의 발전 양상이 달라지고 있다. 이전까지는 새로운 기술 개발에 무게가 실렸다면, 앞으로는 기술 개발보다 다양한 서비스가 출시될 전망이다. 그렇게 되면 사람들이 일상에서 더 많은 AI 서비스를 체험하게 된다. 벌써 챗GPT에 특정 서비스를 접목한 플러그인이 하루가 멀다 하고 늘어나고 있다. 이른바 AI 대중화 시대가 열렸다.

AI 대중화 시대에는 AI 개발자나 전공자보다 AI 활용역량이 뛰어난 사람이 인재로 거듭날 것이다. 그런데 이런 AI 실력에는 오묘한 역설이 존재한다. AI를 잘 활용하는 사람은, 자기 분야의 인사이트가 뛰어난 사람이다. AI 업계에서는 이를 도메인(특정 분야) 전문가라고 부른다. 특정 분야의 도메인 인사이트가 많은 사람은 해당 분야가 어떻게 돌아가는지 세세하게 아는 사람이다. 달리 말하면 현장 감각이 있다고 할 수 있다. 즉, AI 같은 디지털 기술보다 현장을 많이 접했던 사람이 AI를 가장 잘 활용할 수 있고, 현장을 익히기 전부터 AI에 의존했던 사람은 도메인 인사이트가 부족해서, AI 실력이 떨어지는 역설이 존재한다.

이 이야기를 풀어나가기 위해, 최근 많이 늘어난 재택근무와 생산성에 대한 논쟁에서 시작해본다.

재택근무와 생산성, 그리고 창의성

코로나를 거치면서 재택근무나 원격근무가 일상화됐다. 우리나라 매출 100대 기업의 경우, 코로나 이전 재택근무 활용 비율이 4.5%밖에 안 됐는데, 코로나 이후 91.5%의 회사에서 재택근무를 시행 했다.[9] 미국에서도 코로나 이전에는 재택근무 근로자가 8%였던 것이 코로나 이후 71%로 급상승했다.[10] 원격근무 같은 새로운 일하는 방식의 생산성에 대해, 시행 초기에는 대부분 생각보다 괜찮다고 여겼다. 많은 실리콘밸리의 IT 기업은 코로나 이후에도 재택근무를 이어가겠다고 발표했다. 근로자들도 직장에서 벗어나 집이나 카페처럼 자유로운 환경에서 일하는 걸 즐겼다.

그러나 코로나 시기가 끝나자 일하는 방식에 대해 회사와 직원

9 한국경영자총협회, 〈매출 100대 기업 재택근무 현황 및 신규채용 계획 조사〉, 2021. 4.
10 Pew Research Center, 〈How the Coronavirus Outbreak Has - and Hasn't - Changed the Way Americans Work〉, 2020. 12. 9.

간 견해 차이가 뚜렷해졌다. 카카오가 2021년 11월 사무실 근무를 늘리겠다는 정책을 발표했다가 직원들의 반발이 강해지자 철회했다. 테슬라 CEO인 일론 머스크도 테슬라와 트위터 직원들에게 재택근무 금지를 선언했다가 핵심인재의 퇴사가 이어지자 강경기조를 다소 완화했다. 하지만 머스크는 '일은 모여서 해야 좋은 결과가 나온다'는 생각을 버리지 않았다. 애플 역시 재택근무를 해제하고 사무실 복귀를 공언하자, AI 핵심 연구원이 구글로 이직하는 일이 벌어져 곤혹을 치렀다.

실제로 경영전문 잡지 〈하버드비즈니스리뷰(Harvard Business Review)〉에 발표된 최근 연구 결과, 기업과 직원들 사이에 일하는 방식에 대한 견해 차이가 뚜렷하게 나타났다.[11] 재택근무의 생산성 기여도에 대한 조사에서, 경영진 등 회사 간부들은 생산성이 저하된다는 의견이 많았고, 직원들은 생산성이 향상된다는 의견이 우세했다. 관리자들이 원격근무를 꺼리는 이유는 안 보이는 직원은 관리가 안 된다고 생각해서다. 반면, 직원들은 할당된 업무를 완수하면서 출퇴근 시간도 아낄 수 있으니 효율적이라고 보는 것이다.

그런데 원격근무와 화상회의를 활용한 소통이 일상적인 일 처리에는 효율적일지 몰라도, 어려운 과업이나 창의성을 요하는 일에는 도움이 되지 않는다고 주장하는 사람도 많다. 비즈니스 저널리

---

11 N. Bloom et al, 〈Research : Where Managers and Employees Disagree about Remote Work〉, Harvard Business Review, 2023. 1. 5.

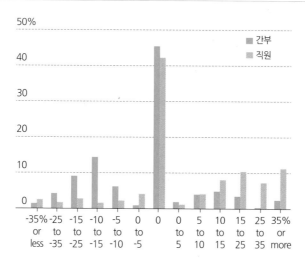

자료: Harvard Business Review, 2023. 1. 5.

스트인 데이비드 색스가 쓴 〈디지털이 할 수 없는 것들〉에 이런 주장이 많다. 마케팅, 영업, 전략, 관리 등 회사의 업무는 대부분 동료들과 지속적으로 소통하며 일해야 한다는 것이다. 기업에서 이뤄지는 이런 일들은 더 유동적이어야 하고 덜 개인적이라서 일이 되려면 대화가 많이 요구되기 때문이다. 그래서 사람들과 한 공간에 가까이 붙어서 일할 때 큰 효과를 볼 수 있다고 주장한다. 그가 인터뷰한 실제 사례에서, 한 설계회사 CEO는 화상 미팅은 한계가 많다고 말했다.

"우리는 주로 고객에게 대면으로 아이디어를 제안하면서 고객의 표정을 통해 반응을 즉각 파악합니다. 그들의 신체언어를 보고 즉석에서 제안을 바꾸거나 임기응변으로 일을 처리하는 거죠."

디지털 도구는 서로 간의 정서적 격차를 메워주지 못한다는 것이다.

실제로 창의성은 머리가 아니라 몸에서 나온다는 사실은 오랜 연구로 입증됐다. 창의성 연구 분야에서 감각, 실제 접촉, 물리적 경험 등이 창의성을 향상시킨다는 논문은 수십 년째 계속 나오고 있다. 당연한 게, 머릿속에서 아이디어들이 스파크를 일으키려면 인풋(input)이 있어야 하는데, 이 인풋은 감각으로부터 들어온다. 머릿속으로 들어오는 이런 인풋은 시각, 청각, 후각, 미각, 촉각 등 오감을 통해서 들어오는데, 화상회의 같은 디지털 기술은 이 중 시각과 청각만 전달할 뿐이다. 그것도 미세한 표정 변화나 감정 변화에 의한 목소리의 떨림 등은 잡아내기 어렵기 때문에 100% 전달은 불가능하다.

우리나라에서 영화로도 만들어진 《화차》, 《이유》, 《모방범》을 쓴 일본 추리소설계의 거장 미야베 미유키는 이런 이유로 운전을 하지 않는다. 그녀는 볼일을 볼 때 자가용 말고 주로 지하철을 이용한다. 거리의 모습과 냄새에서 직접 느끼는 감정, 지하철 타는 사람들의 다양한 행동, 어쩌다 자신을 알아본 팬과의 대화 등이 모두 소설의 소재가 된다는 것이다. 상상하는 일을 하지만 현실 경험이 상상의 기반이 된다는 거다.

창의성, 인사이트, 전문성은 현장에서 길러진다.

AI 활용 역량 높은 사람은 현장에 대한 인사이트가 풍부

현장 지식이 AI 기술에 어떻게 도움이 되는지 살펴보자. 특정 분야 현장이 어떻게 돌아가는지 알고 있는 사람은 남들이 볼 수 없는 현상을 볼 수 있기 때문에, 똑같은 상황에서 더 나은 모델을 설계할 수 있다. 당연히 AI 활용을 더 잘 할 수 있다. 이들은 똑같은 상황을 더 차별화되고 한 수준 깊게 정의할 수 있고, 수면 아래 감춰진 메커니즘을 볼 수 있기 때문이다. AI 활용 역량에서 도메인 인사이트가 얼마나 중요한지, 뉴질랜드에 있는 글로벌 기업의 경험이 자세히 알려준다.

얼마 전 뉴질랜드의 글로벌 기업인 폰테라(Fonterra)에서 AI 프로그램을 도입하면서 도메인 지식의 중요성을 실감했다. 폰테라는 낙농업을 기반으로 하는 협동조합 형태의 기업이다. 뉴질랜드에서 낙농업은 우리나라의 반도체처럼 국가 기간산업이다. 그런 곳에서 폰테라 시장점유율은 80%가 넘는다. 2위가 10%가 안 되니까 거의 독점기업이다. 그래서 폰테라의 사업구조는 생산의 95%가 해외 수출이고, 그 중 3분의 1이 우유 분말이다. 나머지도 치즈, 버터, 단백질 제품 같은 가공식품이다. 뉴질랜드에 소가 워낙 많다 보니, 마시는 우유로 판매되는 양은 극히 미미하다. 당연히 품질에서 가장 신경 쓰는 게, 파우더 입자의 크기나 밀도 같은 물리적인 특성이다. 지방이나 단백질 함유량 같은 화학적 성분은 잘 관리되고 있었다. 이런 배경에서 폰테라는 가루우유 품질 혁신 작업에 들어갔다.

여러 변수로부터 가루우유의 품질을 예측하는 AI 프로그램을 개발하기로 했다. 궁극적으로 가루 입자의 크기나 밀도를 일정하게 생산할 수 있는 프로세스를 구축하는 게 목적이었다.

뉴질랜드 최고 대학인 오클랜드 공대와 오클랜드 대학의 연구원, 그리고 폰테라의 실무진이 참여했다. 3개의 공장에서 6년간 축적된 수백만 데이터를 수집했다. 온도 같은 환경상태는 물론이고 여러 공정 변수와 함께 가루 분말의 물리적, 기능적 특성 값을 다 모았다. 그리고 최신 기법을 사용해서 인공지능 모델을 개발했다. 방대한 작업으로 기대가 컸지만, 첫 모델의 예측 정확도는 50%를 넘지 않았다. 도저히 현업에서 활용할 수 없는 수준이었다.

이때 현장을 잘 아는 폰테라의 실무진들이 커다란 역할을 했다. 이들은 비즈니스 관행이나 회사 현황을 속속들이 알고 있었기 때문에 데이터 속에 담긴 의미를 금방 파악할 수 있었다.

첫째, 폰테라 실무자들은 3개의 공장에서 나온 제품이 확연히 다르다는 걸 직감했다. 각각의 공장은 설립된 시기가 달라서 생산시설의 디자인과 공법이 완전히 별개였는데, 당연히 우유 분말에도 영향을 줄 거였다. 프로젝트 팀원들이 분석해보니 공장별로 데이터가 확연히 다른 특성을 보였다. 그래서 공장마다 AI 예측 모델을 따로 구성했다.

둘째, 공장마다 데이터가 구별되는 것처럼 연도별로도 다를 거라고 생각했다. 같은 공장이더라도 해마다 기후가 바뀌기 때문에 생산된 우유의 특성이 달라질 수 있다. 역시 연도별로 데이터의 특성을 나눠봤더니 차이가 났다. 그래서 연도별 기후 데이터를 추가했다.

셋째, 가루우유 저품질 데이터가 실제 경험과 다르다는 걸 직감했다. 현업에서 경험한 것보다 가루유유 품질이 문제가 된 데이터가 눈에 띄게 적었다. 이런 게 적은 건 공장 품질관리자 입장에서는 아주 좋은 것이다. 그러다 보니 고의는 아니더라도, 재생산에 들어간 경우는 데이터를 지운다든가 해서, 가능하면 이런 데이터가 입력되지 않도록 했다. 그래서 데이터를 훈련시킬 때 이런 경우를 더 많이 샘플링해서 넣었다.

이렇게 방대한 데이터 속에 감춰져 있던 현장의 특성들을 반영해서 모델링을 개선한 결과, 95%의 예측 정확도를 보여 AI 프로그램이 성공적으로 도입됐다. 현장을 잘 아는 폰테라 실무진의 도움 없이 인공지능 전문가들로만 이 문제를 풀었더라면 이렇게 빨리 모델을 개선하지 못했을 것이다. AI 기술을 현장에서 적용할 때는 도메인 전문가의 인사이트, 즉 비즈니스에 대한 지식과 경험이 필수적이다. 데이터 안에 뭉쳐서 들어 있는 비즈니스 관행, 고객 특성, 특정 기간에 나타났던 이례적인 사례 등은 실무자가 아니면 세세하게 알 수 없다. 결국 AI 활용 역량의 핵심은 특정 분야 현장에 대한 인사이트다. 도메인 인사이트가 있어야 AI 기술을 120% 활용할 수 있다.

AI 실력의 역설

챗GPT가 인기를 끌고 사용이 많아지면서, 이탈리아에서 개인 정보보호를 이유로 챗GPT 사용을 금지했다가 해제했고, 삼성전 자나 애플 같은 기업들도 보안을 이유로 사용을 금지했다. 더 민 감한 곳은 학계인데, 국제 학술지 〈네이처(Nature)〉와 〈사이언스 (Science)〉가 대화형 AI를 논문 저자로 인정하지 않겠다고 선언했 다. 대학에서도 학생들이 챗GPT로 과제를 작성하는 문제 때문에 골머리를 앓고 있다. 조지워싱턴대학을 포함한 워싱턴 DC에 있는 대학들은 학생들이 챗GPT 같은 생성AI를 사용할까봐 집으로 가져 가서 하는 과제를 단계적으로 폐지하고 있다. 대신 수업 중 과제, 손으로 쓴 문서, 조별과제, 구술시험 등으로 학생들을 평가하기로 했다. 하버드대, 예일대 등은 AI로 생성된 텍스트를 감지할 수 있 는 '지피티제로' 프로그램을 사용하기로 했다.

그런데 이는 지나친 과민반응이다. 챗GPT는 도구일 뿐이다. 아 무것도 모르는 사람이 챗GPT에 질문 몇 개 넣어서 만든 결과물이 뛰어날 리 없다. 학생 실력이 뛰어날수록, 그가 만든 챗GPT 결과물 도 뛰어날 가능성이 높다. 이젠 유명해진 사례를 곰곰이 생각해봐 도 이를 알 수 있다.

2022년 8월 '콜로라도 주립 박람회 미술대회'의 디지털아트 부 문에서 AI가 만든 작품이 우승했다. 게임 기획자인 제이슨 앨런이 AI로 제작한 작품 〈스페이스 오페라 극장〉을 출품해서 1위를 차지했다. 구체적인 설명을 입력하면 이미지를 생성해주는 AI 서비스인 '미드저니(Midjourney)'를 활용해서 만들었다. 앨런은 미드저니를 활용해 작품 3개를 만들어 출품했고, 그 중 하나가 우승한 것이다. 이 사건이 알려지자 AI로 만든 작품이 예술이냐, 아니냐를 두고 한동안 논쟁이 일었다. 그러나 이 사건에서 별로 논의되지 않은 사실이 있다. 앨런이 이 그림을 생성하기 위해서, ① 아이디어를 내서 기획했다는 점, ② 그리고 자기가 원하는 결과를 얻기 위해 많은 시간을 들여 작업했다는 점, ③ 끝으로 최종적으로 나온 수많은 결과물 중 하나를 그가 선택했다는 점 등이다. 그는 언론에 이렇게 밝혔다.

"대회에 제출한 작품 3개를 얻으려고 노력한 시간이 80시간 넘게 걸렸어요. 기술을 미워하기보다 이제 AI가 강력한 도구라는 것을 인정하고 사용할 때입니다. 그래야 우리 모두 앞으로 나아갈 수

▶ 미술대회에서 우승한 AI로 제작한 작품, 〈스페이스 오페라 극장〉

있어요."

제이슨 앨런이 이 작품의 아이디어를 냈고, 최종적으로 선택했다. 그의 생각이 들어간 것이다. 그러므로 이 작품은 미드저니라는 AI가 만든 작품이 아니라 제이슨 앨런의 작품이다.

역설적이게도 AI를 잘 활용할 수 있는 실력은 AI를 멀리해야 길러질 수 있다. 챗GPT를 활용해서 훌륭한 에세이를 쓰는 학생은 글쓰기를 잘하는 학생일 것이다. 그럼, 글쓰기를 잘하는 학생은? 챗GPT 같은 AI의 도움을 받지 않고 스스로 생각의 근력을 키우는 연습을 많이 한 학생일수록 글쓰기를 잘할 가능성이 높다. 이게 AI 실력의 역설이다.

다른 예를 들어보자. 뛰어난 마케터는 제품을 효율적으로 알리고, 고객이 제품을 좋아하게 만드는 효과적인 방법을 알고 있다. 마케터는 길거리에서 전단지를 나눠주거나 카탈로그를 뿌리는 것부터, 경품 같은 소규모 캠페인이나 가격할인 등의 프로모션, 블로그 같은 인터넷에 홍보자료를 업로드하거나 소셜미디어를 활용하는 것, 대규모 행사나 TV 광고를 집행하는 등 다양한 일을 한다. 초보 마케터는 매장에서 가격할인을 하고 그 결과를 확인하는 것부터 시작해서, 다양한 마케팅 활동을 직접 경험하면서 고객들이 특정 마케팅 활동에 어떤 반응을 하는지 감을 축적하면서 고수가 된다. 마케팅 고수가 된다는 말은 마케팅 현장에서 경험한 다양한 사례로부터 자신만의 통찰, 인사이트를 형성한다는 의미다. 인공지능이 데이터를 학습해서 모델링을 하는 것과 같다.

주변에 금융분야에서 투자자로 이름을 날린 전문가들의 이야기를 들어봐도, 똑같은 과정을 거쳤단다. 초보 투자자 때는 심사하는 회사의 보고서를 두툼하게 작성해서 분석하기도 하지만, 점차 경험이 쌓이면서 회사를 보는 눈, 인사이트가 생겨 투자 대상 회사 대표를 잠깐만 만나봐도 투자 결정을 내릴 수 있다고 한다. 이것은 투자할 회사들에 대한 자기만의 통계 모델이 생기는 것과 같다. 어떤 회사가 평균보다 좋은 회사인지, 어떤 경우가 평균에 못 미치는 회사인지 한 번만 봐도 판단할 수 있게 된다. 수많은 투자 사례를 학습해서 모델이 생긴 것이다.

그런데 이런 인사이트는 현장에서 다양한 경험을 해야 길러진다. 요즘은 AI 기술이 마케팅 집행을 어떻게 해야 하는지, 투자 심사를 어떻게 판단해야 하는지 알려준다. 만약 초보 마케터가 AI가 시키는 대로 마케팅 활동을 따라 하고, 초보 심사역이 AI 조언에 따라 투자 심사를 집행하면서 일한다면, 그가 고수의 인사이트를 가지긴 어렵다.

사람의 머리가 그렇게 생겼기 때문이다. 사람이 생각하고 행동하는 건 뉴런이라는 뇌에 있는 신경세포의 작용이다. 어떤 일을 하거나 생각을 하면 그와 관련한 뉴런 사이의 연결고리인 시냅스가 활성화된다. 처음에는 1백만 개 정도 활성화되다가 지속적으로 그 일을 하면 1천만 개, 수억 개로 늘어난다. 그래서 어떤 일에 몰입하면 그와 관련한 기억과 정보들로 뇌가 꽉 차게 되고, 이들이 서로 연합하고 상호작용하며 해결책을 찾아낸다. 우리는 이런 시냅스의 상호작용을 인지하지 못하기 때문에 아이디어가 갑자기 떠오르는 것처럼 느낀다. 오랫동안 생각힐수록 스스로도 인지 못하는 관련 기억과 정보가 서로 연결돼 아이디어가 무르익는다. 중요한 것은 두뇌가 담아두는 정보가 우리의 감각을 통해서 들어온다는 거다. 책에서 보거나 미디어에서 접한 것보다 현장에서 직접 경험한 게 파워풀한 이유는 오감을 모두 사용해서 인풋을 받아들였기 때문이다. 신경세포에 그 정보가 그만큼 강하게 각인됐다는 거다.

그러므로 현장에서 만들어진 인사이트, 아이디어가 먼저고 기술이 나중이다. 혁신의 고전적 사례인 3M의 포스트잇 발명을 보면, 아트 프라이가 포스트잇의 아버지로 불리는 이유가 있다. 쉽게 떨어지는 약한 접착제, 그러니까 제품의 핵심이 되는 원천 기술을 만든 사람은 스펜서 실버고, 붙였다가 뗄 수 있는 메모지 아이디어를 생각한 사람이 아트 프라이다. 성가대에서 메모지가 쉽게 떨어지는 것을 보고 이런 제품을 생각한 프라이가 기술 발명자보다 더 핵심인물이다. 이 문제를 풀기 위해 오랜 기간 고민했기에, 회사 내에서 사용되지 않는 약한 접착제 기술을 발견하고, 그걸 활용할 수 있었다. 아이디어와 인사이트가 먼저 성숙돼야 기술이 붙을 수 있다.

AI도 마찬가지. AI 기술은 도구다. 인사이트와 아이디어가 먼저고, 기술이 나중이다. 특정 분야에서 해결해야 할 문제가 뭔지 평소에 충분히 고민하고 몰입하고 있는 사람만이 AI 기술을 더 잘 활용할 수 있다.

AI에 대한 논의가 워낙 많이 나오다 보니, AI 기술만 있으면 어려운 문제를 다 해결할 수 있다고 오해하는 사람들이 적지 않다. 그러나 인사이트와 아이디어가 먼저고, AI 기술은 나중이다. AI 활용 실력을 키우고 싶으면 먼저 현장 지식, 도메인 인사이트를 길러야 한다. 그리고 이를 AI 기술과 접목하면 된다. 기계적으로 설명하면, 도메인 인사이트에 기반한 AI 활용 능력의 2가지 요건을 갖추면 된다.

● 가설을 세우고 스스로 검증하는 일을 반복하라

도메인 지식, 특정 분야에 대한 인사이트는 한 분야에서 오랜 기간 일을 하면 자연스레 축적된다. 좀더 똑똑하거나 고민을 많이 한 사람은 빨리 길러지고, 무감각한 사람은 오래 일해도 뭘 모를 수 있지만, 대체로 시간에 비례한다. 관건은 이런 인사이트를 빨리 축적하는 것이다.

신입사원 때부터 알고 있는 글로벌 기업의 인사담당 임원이 있다. 어린 나이에 실력을 인정받았는데, 그가 인사이트를 축적한 방법이 인상적이었다. 인사 분야는 사람을 뽑아서, 가르치고, 일을 주고, 결과를 평가하고, 보상하는 일로 이뤄져 있다. 채용, 교육, 육성, 배치, 평가, 보상 등 매우 전문적인 분야다. 이 모든 일이 중요하지만 가장 중요한 업무는 채용이라고 한다. 애초에 잠재 능력이 크거나 회사에 충성할 자질을 지닌 사람을 뽑는 게, 사후적으로 이런 능력을 만들어주기보다 쉽다는 것이다. 인사담당자보다 CEO들이 이런 이야기를 더 많이 한다. 그는 외국계 기업의 인사팀에 신입사원으로 들어와서 이런 이야기를 수없이 들었던 터라, 채용을 잘할 수 있는 능력을 키우겠다고 결심했다. 이런 마음을 먹은 후, 회사에서 사람을 뽑을 때마다 지원자의 서류를 파헤쳤다. 그리고 어떤 사람이 채용될지 혼자 점수를 매겼다. 상사와 의견이 다를 때는 왜 그 사람을 뽑았는지 물어보고 메모했다. 몇 년이 지나자 지원자의 서류를 보면 어떤 사람이 채용될지 알 수 있었다. 그런데 문제는 이런 사람이 뽑힌 후에 핵심인재로 커 나가느냐다. 아무리 똑똑한 인재라도 2, 3년도 안 돼서 더 좋은 곳으로 나가겠다고 퇴사하면, 이건 수지맞는 장사가 아니다. 그래서 이들이 회사에서 어떤 성과 평가를 받는지, 언제 퇴사하는지를 혼자서 추적했다. 입사지원 서류부터 빼곡히 엑셀에 정리했고, 입사 후에는 일을 잘하는지, 나중에 어떤 문제가 있었는지 기록했고, 여기에 자신의 견해를 덧붙였다. 이런 데이터가 몇 년 쌓이자, 자신만의 노하우가 생겼다. AI가 데이터로 모델을 학습하듯, 혼자만의 모델이 생긴 것이다. 그러자 과장이 되기 전에, "상무님, 이 지원자는 자질이 뛰어나 일은 잘하겠지만, 생각보다 일찍 퇴사할 가능성이 있습니다. 제 말이 맞는지 저랑 내기 하실래요?"라는 말을 자신 있게 할 수 있게 됐다. 그런 실력을 인정받아 고속 승진을 했고, 어린 나이에 임원이 됐다.

이런 식으로 특정 산업, 특정 기능 부서의 도메인 인사이트를 빠르게 축적할 수 있다. 요컨대, 가설을 세우고 스스로 검증하는 일을 반복하는 것이다. 물론 대기업 신입사원의 경우에는 업무의 전체 사이클을 경험하기가 쉽지 않다. 그러나 본인의 의지만 있다면, 선배들이 일하는 것을 물어보고 자기가 입수할 수 있는 정보를 취합해서, 최대한 자기만의 모델을(인사이트를) 빠르게 구축해보는 거다. 그리고 기회가 될 때마다 모델 결과를 검증해서, 모델을 개선시키는 것이다. 달리 말하면 인사이트를 계속 발전시키는 것이다.

● 디지털 호기심을 가져라

이렇게 인사이트를 축적했다면, 이제 AI 활용 능력을 키울 때다. 도메인 인사이트가 있다고 해서 누구나 다 AI 기술을 잘 활용할 수 있는 건 아니다. 일단 AI로 만들어진 도구를 활용할 수 있어야 한다. 엑셀을 배우듯이, 아마존웹서비스(AWS) 같은 곳에 있는 AI 기능 사용법은 익혀야 한다. 이 기술을 익히는 것은 어렵지 않다. 점점 더 사용자 친화적으로 소프트웨어가 나오고 있어서다. 챗GPT도 AI 기술을 활용할 수 있는 소프트웨어 제품이다.

AI 관련 툴 활용법보다 중요한 건, 디지털 호기심(Digital Inquisitiveness)을 지니는 것이다. AI 기술을 활용해서 현장의 문제를 풀었을 때, 그 결과가 실제 현장을 정확하게 반영하고 있는지 알아내는 능력이다. 앞서 사례에서 폰테라 실무진들이 공장 직원의 욕구와 관행을 떠올리며 저품질 데이터가 과소 측정되지 않았을까를 의심한 게 바로 디지털 호기심이다. 즉, 디지털 호기심이란 AI 분석 결과와 실제 현장 사이에 어떤 차이가 있는지 끊임없이 궁금해하고, 이를 일치시키기 위해 노력하고, 이를 일치시키는 능력이다. 호기심이란 영어 단어가 Curiosity가 아니라 Inquisitiveness라는 점에 주목하자. 두 단어는 거의 같은 뜻이지만, Curiosity는 선천적으로 궁금해하는 것을 의미하고, Inquisitiveness는 의도적으로 질문하면서 호기심을 불러일으킨다는 점에서 약간의 차이가 있다. 즉 디지털 호기심은 AI 분석 결과에 대해 의도적으로 의심을 품고, 현장과 얼마나 차이가 있는지 확인하는 역량이다. 이를 반복하면, 자신의 도메인에서 AI 결과가 현장을 얼마나 반영하고 있는지, AI 결과가 빠뜨리고 있는 것은 무엇인지 빠르게 눈치챌 수 있다. 또 디지털 호기심이 있어야 자신의 분야에서 AI 기술을 활용해 해결할 문제를 찾아낼 수 있다. AI활용 능력이 뛰어난 사람은 이미 다 알고 있는 문제를 해결하는 데 쓰는 사람이 아니다. 누구나 다 알고 있는 문제를 해결하기 위해 AI 기술을 도입하는 곳이 많은데, 이런 경우는 대부분 다른 기술을 활용해서 해결할 수 있는 문제들이다. 반드시 AI를 활용해야 하는 문제는 지금까지 드러나 있지 않다. 이런 문제를 찾아내는 사람, 문제발견 능력이 뛰어난 사람이 AI 활용 능력이 뛰어난 사람이다.

8장

챗GPT 세대
유튜브 세대, 구글 세대
새로운 인류의 탄생?

5, 6년 전 일이다. 초등학교 다니던 딸아이가 수학여행을 가기 위해 짐을 챙겨야 한다며 컴퓨터를 보고 있었다. 어깨너머로 봤더니, 유튜브를 보며 여행 준비물을 챙기는 거였다. 아이에게 구글이나 네이버 검색을 하면 목록으로 잘 정리되어서 나올 거라고 말해줬지만, 괜찮다면서 끝까지 영상을 보고 여행 준비를 했다. 10여 분 되는 영상을 보면서 준비물 목록을 하나씩 써나갔다. 우리 아이만 그런가 싶어 다른 사람들에게도 물어봤더니, 요즘 초등학생들은 궁금한 게 있으면 대부분 유튜브에서 검색을 한다고 했다.

　지금 유튜브는 사람들이 가장 많이 사용하는 앱 중 하나고, 사용 시간에서는 카카오톡 같은 다른 앱을 압도적으로 앞선다. 유튜브에 밀려, 네이버와 카카오톡이 위험하다는 보도도 여럿 나왔다. 여기서는 유튜브의 인기에 대해서 논하려는 것은 아니다. 어릴 때부터 유튜브를 써왔던 사람들은 정보를 습득하고, 이용하고, 저장하는 방식이 기성세대와 다르지 않을까에 대해 생각해보려 한다. 이른바 영상 세대의 정보 습득과 활용이 어떻게 달라졌는지 고찰해 본다. 왜냐하면 챗GPT가 오랜 기간 정보 습득과 활용에서 활발하게 이용했던 검색을 무력하게 만들고 있어서다. 앞으로의 세대는 챗GPT 같은 생성 AI에 익숙해져서 살아갈 것인데, 그럼 정보 활용 측면에서 새로운 인류가 탄생하는 건 아닐까?

정보 다루는 방식의 진화

정보화 사회는 IT가 지금처럼 발달한 이후 본격화됐다. 그래서 인터넷이 발달하기 전과 후, 정보 다루는 방식이 확연히 달라졌다. 정보를 다루는 방식은 대개 다음 절차에 따라 이뤄진다. 우선 자기에게 필요한 정보를 습득한다. 그렇게 습득한 수많은 정보를 이용하면서 각 정보를 재구성한다. 바로 정보를 해석하는 것이다. 그다음 그런 정보로부터 자기만의 새로운 지식을 만들어낸다. 이걸 단순하게 정보 이용에 따른 결과 도출이라고 말할 수도 있겠다. 그리고 이런 일련의 과정을 저장한다. 이런 정보의 습득, 이용, 해석, 결과 도출(지식 생성), 저장 등 정보를 다루는 방식은 새로운 기술이 출현할 때마다 새로운 세대를 만들어냈다.

도서관 세대, 정보 습득이 가장 큰 능력

　인터넷 시대 이전, 정보는 책, 잡지, 신문, TV와 라디오 등 전통 미디어에 의해 전달되고 이용됐다. 정보를 저장하는 곳은 도서관이었다. 이때는 정보를 습득하는 것이 매우 불편했고 어려웠다. 대학원에서 논문을 쓰는 사람들은 국회도서관을 찾아 통계 책자를 빌려서 자료를 취득했다. 선배들에게 그런 얘기를 들었다. 경영학 논문을 쓰기 위해 국회도서관에서 한국은행의 기업경영분석 자료를 빌려나가 일일이 숫자를 입력하는 데만 한 달 이상 걸렸단다. 지금은 경영정보를 판매하는 기업에서 한 시간 이내에 다운 받을 수 있다.

　이때는 희귀한 정보를 빨리 손에 넣는 사람이 능력 있는 지식인이었다. 신문사에서 자기 이름을 건 칼럼 코너를 운영하던 간판 논설위원들의 집에 가보면 모두 커다란 서고가 있었다고 한다. 거기에는 시중에서는 쉽게 구할 수 없는 서적이나 자료들이 가득했다. 이 자료를 바탕으로 글을 썼고, 누구도 따라올 수 없는 차별화된 콘텐츠를 생산할 수 있었다. 내가 아는 유명한 일본전문가도 그랬다. 지금은 은퇴했는데, 그의 일과는 일본의 경제전문 잡지, 〈니혼게이자이 신문〉이나 〈쇼칸도요케이자이〉지 등을 스크랩하는 것으로 시작했다. 일본의 신문이나 잡지로만 일본 소식을 알 수 있던 시절, 그의 스크랩은 대단한 가치를 발휘했다. 그 내용을 번역한 후 약간의 해석을 곁들여 소개하면, 일본의 기업과 경제에 대해서 가장 많이 아는 사람으로 인정 받았다.

즉, 도서관 세대는 정보 습득이 가장 큰 능력이었다. 그리고 정보 습득 자체에 가장 많은 시간을 들였다. 정보를 하나씩 차근차근 습득하다 보면, 워낙 오래도록 그 정보를 취급하기 때문에 인사이트가 생기기도 한다. 한국은행의 기업경영분석 수치를 컴퓨터에 일일이 입력하다 보면 인사이트가 갑자기 나오는 것과 같다. 느리게 얻는 데서 오는 이득이었다.

인터넷 세대, 세상 모든 정보의 분류와 체계화에 익숙

1990년대 이후 인터넷이 확산됐다. 여기서 인터넷의 역사를 다루진 않겠다. 인터넷은 세상에 있는 정보를 온라인 세상에 넣어 연결시켰다. 누구나 정보를 쉽게 찾을 수 있게 됐다. 인터넷이 확산되자 인터넷으로 가는 관문·통로(portal)에 해당하는 포털 사이트가 떴다. 포털 사이트는 인터넷의 정보를 분류·체계화해놓고 사람들이 찾기 쉽게 안내했다. 인터넷 초기 세계 1위의 포털 사이트였던 '야후!' 홈페이지를 들어가보면, 인터넷에 있는 정보를 잘 분류해놓은 느낌이 든다. 세상 전체가 포털 사이트 안에 들어와 있었다.

실제로 인터넷 포털 사이트는 도서관에서 책을 주제에 따라 분류하듯이 인터넷 세상을 정리한 것이다. 컴퓨터의 디렉토리와 폴더가 세상의 정보를 담는 파일함과 파일을 상징화한 것처럼, 인터

Jerry and Dave's WWW Interface...
(Always Under construction)

Welcome, visitor from

Last modified on Fri May 20 17:55:16 1994
There are currently 1909 entries in the hotlist database

Vous pouvez lancer des recherches dans cet index. Pour cela, entrez des mots clés de recherche :

- **Art**
- **Computers**
- **Economy**
- **Education**
- **Entertainment**
- **Environment and Nature**
- **Events**
- **Geography**
- **Government**
- **Health**
- **Humanities**
- **Journalism**
- **Law**
- **News**
- **Politics**
- **Reference**
- **Research**
- **Science**
- **Society and Culture**
- **todo**

자료: Business Insider, 〈Here's what Yahoo looked like back when it ruled the web〉, 2016. 7. 26

Exploring
Mars

The New York Times
Win a $20,000 Trip!

**CLICK
HERE!**

Looking for a
Car? Job? Date?

[Search] options

Yellow Pages - People Search - Maps - Classifieds - News - Stock Quotes - Sports Scores

- **Arts and Humanities**
  Architecture, Photography, Literature...

- **Business and Economy** [Xtra!]
  Companies, Investing, Employment...

- **Computers and Internet** [Xtra!]
  Internet, WWW, Software, Multimedia...

- **Education**
  Universities, K-12, College Entrance...

- **Entertainment** [Xtra!]
  Cool Links, Movies, Music, Humor...

- **Government**
  Military, Politics [Xtra!], Law, Taxes...

- **Health** [Xtra!]
  Medicine, Drugs, Diseases, Fitness...

- **News and Media** [Xtra!]
  Current Events, Magazines, TV, Newspapers...

- **Recreation and Sports** [Xtra!]
  Sports, Games, Travel, Autos, Outdoors...

- **Reference**
  Libraries, Dictionaries, Phone Numbers...

- **Regional**
  Countries, Regions, U.S. States...

- **Science**
  CS, Biology, Astronomy, Engineering...

- **Social Science**
  Anthropology, Sociology, Economics...

- **Society and Culture**
  People, Environment, Religion...

My Yahoo! - Yahooligans! for Kids - Beatrice's Web Guide - Yahoo! Internet Life
Weekly Picks - Today's Web Events - **Chat** - Weather Forecasts
Random Yahoo! Link - Yahoo! Shop

National Yahoos Canada - France - Germany - Japan - U.K. & Ireland
Yahoo! Metros Atlanta - Austin - Boston - Chicago - Dallas / Fort Worth - Los Angeles

자료: Business Insider, 〈Here's what Yahoo looked like back when it ruled the web〉, 2016. 7. 26.

넷의 정보를 정리하기 위해 도서관의 체계를 그대로 가지고 왔다. 도시관에서 필요한 정보를 찾듯이, 포털 사이트에서 빠른 속도로 정보를 찾을 수 있었다.

그러므로 1990년대 인터넷을 배운 세대나 그 이전에 컴퓨터를 배운 세대는 세상의 모든 정보를 분류하고 체계화하는 데 익숙하다. 정보를 쉽게 찾을 수 있어서, 희귀한 정보를 습득하는 것보다 다양한 정보를 찾아서 이용하는 것이 더 중요해졌다. 정보를 많이 활용할수록 더 큰 가치를 창출할 수 있었다.

검색 세대, 구글 세대, 필요한 정보만 섭취

그러다가 구글이 인터넷으로 가는 통로를 지배하면서부터 새로운 세대가 출현했다. 20대들은 컴퓨터로 자료와 정보를 사용하는 습관이 기성세대와 완전히 다르다.[12]

2017년부터 미국의 대학교수들은 학생들과 이전에는 경험하지 못했던 커뮤니케이션 단절을 경험했다. 여러 대학의 교수들이 학생들과 숙제 등 학습 자료를 다루면서 공통된 경험을 했다고 한다. 수업자료를 어느 디렉토리에 저장해뒀다고 하면, 학생들이 무슨 말인지 모른다는 거다. 또 학생들에게 과제를 어디에 저장해뒀는

---

12 The Verge, 〈File not found〉, 2021. 9 .22.

지 물어도, "무슨 말씀하시는 거예요?"라고 어리둥절해했다. 이게 기성세대와 이 시절 대학에 들어온 세대가 컴퓨터를 쓰는 방식이 완전히 달라져서 나타나는 현상이다. 나이든 교수들은 파일을 폴더별로 보관하는데 반해서, 젊은 학생들은 컴퓨터 안에 그냥 저장한다. 바탕화면에 1만 개가 넘는 파일을 저장해둔 학생들이 많다. 즉 기성세대는 컴퓨터를 디렉토리 구조로 생각해서 자료가 컴퓨터 안의 특정 구역에 있다고 생각하는데, 새로운 세대는 컴퓨터라는 바구니 안에 섞여 있다고 여긴다.

이런 이유 때문이다. 이런 학생들이 출현한 게 대개 2017년 전후인데, 바로 이 학생들은 웹사이트나 앱이 검색 기능 위주로 재편된 이후에 어린 시절을 보냈기 때문이다. 쉽게 말해 구글과 함께 성장한 세대다. 컴퓨터에도 윈도즈 서치나 맥의 스팟라이트 같은 검색 기능이 기본적으로 깔린 게 2000년대 초반이니까, 어린 시절에 컴퓨터를 쓸 때부터 필요한 파일을 폴더로 분류해서 저장하지 않고 검색해서 썼다.

이런 습관은 세상의 정보를 인식할 때 차이를 보인다. 기성세대는 체계적이고 구조적으로 세상을 파악하는데, 젊은이들은 이 세상이 커다란 바구니고 그 안에 내게 필요한 정보가 섞여 있다고 생각한다. 기성세대는 유튜브의 무작위 추천이 불편해서 그 채널에 들어가서 순차적으로 영상을 보는 사람이 있는데, Z세대는 추천한 걸 그냥 즐긴다. 즉시적이고 현시적이다. 어떤 현상이 만들어진 오랜 역사적 근거, 구조, 근본 원인 같은 게 중요하지 않고, 현재 그 현상이 미치는 영향에만 관심 있다. 재미있는 건 그 문제를 또 아주 잘 풀어낸다. 장단점이 동시에 존재한다. 검색 세대는 자기가 관심 있는 분야의 필요한 정보만 섭취해왔으므로, 세상의 다방면에 대한 전인적인(holistic) 지식이나 관점이 부족하다. 그러나 관심 있는 분야는 깊이 들어가므로 전문가적 소양은 매우 뛰어나다.

유튜브 세대, 감성과 감각 정보 중시와 익숙한 정보 섭취 편향

동영상 시청 및 공유 플랫폼인 유튜브는 2005년 설립, 2006년 구글 인수 후에도 적자를 지속하다 2010년에서야 흑자를 봤다. 즉 유튜브가 영향력을 얻기 시작한 것은 2010년대 이후다. 그래서 지금의 10대를 유튜브 세대라고 부를 수 있겠다.

유튜브 세대는 영상 세대니만큼 문자보다 영상의 특징에 영향을 받고 자랐다. 문자는 설명적이고, 논리적이다. 반면 영상은 즉각적으로 받아들일 수 있고 감성적이고 감각적이다. 예전에는 대학에 들어가면 반드시 읽어야 할 100권의 책 같은 것을 추천 받아서 읽곤 했다. 다양한 분야의 책을 읽으며 당시 시대가 만들어진 여러 원인들을 배우며 세상을 이해했다. 그러나 영상 세대는 지금 세상을 있는 그대로 받아들인다. 논리적인 심사숙고보다는 감각적 판단에 따라 행동한다. 문자로 세상을 이해하는 훈련을 받은 사람은 과거의 역사와 서사에 익숙하다. 반면 영상으로 세상을 이해하는 사람은 현재 문제 자체만으로 판단한다. 유튜브가 영상 세대를 만들었지만 영상은 서사가 아니라 짧은 감성과 재미가 더 중요하므로, 숏폼 콘텐츠 플랫폼인 틱톡이 부상한 것은 필연적이었다.

유튜브의 특징 중 하나가 추천 알고리즘이다. 유튜브에 들어가면 사용자 취향에 맞는 것 위주로 영상이 뜬다. 지금은 포털 사이트도 사용자가 이전에 봤던 콘텐츠의 특징을 분석해서, 사용자가 좋아할 만한 콘텐츠 위주로 노출한다. 자연스레 확증편향이 생긴다. 익숙한 정보를 점점 더 많이 편향적으로 섭취하게 된다. 유튜브가 인기를 끌고 난 이후, 전 세계 어느 나라나 정파적인 대립이 더 심해진 게 우연이 아니다. 게다가 콘텐츠는 점점 더 자극적이 되어, 언어의 인플레이션이 발생했다.

요컨대, 유튜브 세대는 이성보다는 감성과 감각 정보를 중시하고, 현세적이며, 익숙한 정보를 섭취하는 데서 오는 확증편향이 생길 가능성이 높다.

●●● 전망: 챗GPT는 어떤 세대를 만들어낼까?

챗GPT가 구글의 검색처럼 인터넷과 모바일을 사용하는 사람들이 주요하게 의존하는 서비스로 발전할지 아직 모른다. 다만 초기 사용자 수의 폭발적 증가 등으로 미루어 그럴 가능성이 있다. 반면, 초거대 언어모델의 설계적 특성상 거짓말하고도 알지 못하는 할루시네이션 현상을 막을 방법이 없으므로, 구글 검색처럼 필수 서비스로 발돋움하지 못할 가능성도 존재한다. 현실적으로 그 둘의 중간 어디쯤에 위치할 것이다. 여기서는 챗GPT가 필수 서비스나 유튜브처럼 확실한 매니아층을 보유한 서비스로 성장할 것임을 가정하고, 챗GPT에 의존적인 세대가 생긴다면 그들이 정보를 다루는 방식이 어떻게 달라질까를 생각해본다.

● 정보의 깊이보다 범위 넓어지고, 정보 휘발성 발생

챗GPT는 정보의 습득, 습득한 정보의 이용, 이용 정보의 재구성과 해석, 이런 정보 활용을 통한 결과 도출(지식 생성), 정보 저장 등 정보 처리 프로세스 중 앞 단계를 거치지 않고 결과를 곧바로 도출한다. 정보 습득, 정보 이용, 정보 해석 등 사용자의 능동적인 활동을 생략하게 한다.

고민하지 않고 너무 쉽게 결과 도출이나 지식 생성에 이르므로 사람들의 정보처리 능력이 줄어들 것이라고 생각할 수도 있다. 그러나 사람은 그 상황에 적응해서 새로운 역할을 만들어낼 수도 있다. 휴대폰이 나오기 전에는 아는 사람 전화번호를 수십개 외우거나 수첩에 적어서 다녔다. 휴대전화가 나온 후 사람들은 더 이상 가까운 가족 전화번호도 외우지 않는다. 분명히 전화번호 외우는 뇌 기능은 퇴화됐다. 하지만 전화번호를 검색해서 더 많은 사람과 소통하고 관계 맺는 일은 더 활발히 하고 있다. 챗GPT가 정보를 습득, 이용, 해석하는 일을 없애고 빠르게 답을 찾게 도와주기 때문에, 과거보다 일처리를 매우 빨리 완료할 수 있다. 그만큼 다양한 일을 많이 할 수 있게 된다. 정보를 습득하고 이용하고 해석하는 일을 생략함에 따라, 정보를 깊이 있게 취급할 기회는 줄어들 것이다. 반면, 다양한 분야에서 결과를 받아서 바로 활용할 기회는 늘어날 것이다. 자연스레 다룰 줄 아는 정보의 깊이는 줄어들지만, 정보의 범위는 늘어날 것이다.

반면 정보를 빨리 처리하게 됨에 따라, 관련 정보를 쉽게 잊어버리는 정보 휘발성이 나타날 것이다. 이는 안타까운 일이 아니다. 필요할 때 챗GPT에게 또 물어보면 되니까 말이다.

● 정보 가치보다 결과 활용을 중시

이처럼 정보의 깊이가 줄어들고 범위가 늘어나며 쉽게 잊어버리게 되면, 정보 가치의 중요성이 떨어진다. 정보 자체의 가치보다는 정보로부터 나온 결과를 어떻게 활용하느냐가 더 중요하게 될 것이다. 이는 지식이나 정보의 소유가 중요하지 않음을 의미한다. 그렇게 되면 지식과 정보의 클라우드화가 지속될 것이다. 과거 음반을 판매하던 시절, 음악 애호가는 다수의 LP나 CD를 집에 소유해서 음악을 들었다. 음원 스트리밍이 일반화되자, 음악을 소유한다는 개념이 약해지고, 좋은 음악을 원하는 때에 듣는 습관이 생겼다. 챗GPT가 지식과 정보에 대한 우리의 태도를 이렇게 바꿀 가능성이 높다. 지식과 정보의 가치보다는 결과 활용이 중요해질 것이다.

● 문제해결에서 문제발견으로

챗GPT에 의존하는 세대의 특징이 정보의 가치를 경시한다고 하니까, 약간 부정적인 면이 부각된 것 같다. 그러나 챗GPT를 자주 쓰면서 길러지는 역량도 있을 것이다. 챗GPT에서 좋은 결과를 얻으려면 질문을 잘 던져야 한다. 사실 인류의 문화는 좋은 질문, 새로운 질문을 하는 데서 발전해왔다. 하지만 매일매일 우리가 하는 일은 질문보다는 주어진 질문, 즉 문제를 해결하는 것이 대부분이었다. 챗GPT가 나오면서 비로소 주어진 문제를 해결하는 데서 벗어나, 새로운 문제를 발견하는 일에 집중할 수 있게 됐다. 챗GPT에 질문한다는 의미는 문제를 정의하고, 발견한다는 의미다. 문제를 제시하면 챗GPT가 해결책을 제시하기 때문에, 앞으로 인간에게 더 중요한 것은 문제를 만들어내는 능력이 될 것이다. 그리고 질문을 자주 하다 보면, 이런 문제발견 능력이 생길 것이다.

9장

빅데이터에서
굿데이터로

건축회사에 다니는 주인공 덕은 성실한 직장인이자 두 아이를 둔 가장이다. 일도 완벽하게 해내고 가족에게도 잘하려니 항상 시간이 턱없이 부족하다. 집에 오면 아이들과 놀아줘야 하고 아내도 챙겨야 한다. 이처럼 매일 피곤에 찌든 삶을 사는 주인공에게 희소식이 생겼다. 유전공학자가 복제인간을 선보였기 때문. 복제품 덕은 주인공의 외모와 기억까지 똑같이 복제해서 만들었다. 처음에는 클론을 직장에 보내 일을 시키고, 덕은 아내 대신 아이들을 돌봤다. 하지만 한시도 쉬지 않는 아이들에게 시달리게 되자, 덕은 제3의 복제품을 만들어, 집안일을 하게 했다. 제2의 복제품은 직장으로 보내고, 가사일은 제3의 복제품이 도맡게 한 후, 자신은 골프를 치러 갔다.

모든 게 완벽해 보였다. 그런데 복제품들도 똑같이 힘들었고, 복제품의 복제품을 만들었다. 제4의 복제품은 정신이 온전하지 못한

불량품이 나와, 기이한 짓만 되풀이했다. 이런 상황에서 좌충우돌 사건이 발생하고, 그걸 해결하려는 과정에서 일이 더 꼬여만 간다.

마이클 키튼이 주연한 1996년 개봉 영화 〈멀티플리시티〉는 복제인간 소재를 재미있게 다룬 코미디다. 복제기술의 발달로 복제 직전까지의 뇌세포 상태를 그대로 재현해낼 수 있어, 기억마저도 똑같은 복제인간을 만들어낼 수 있다. 그런데 복제인간을 한 번 더 복제했더니 문제가 생겼다. 복제인간이 오리지날과 똑같아 보여도 성능이 조금씩 떨어지게 되지 않겠냐는 의구심을 표현했다.

생성 데이터가 판치는 인터넷 세상

앞으로 AI 분야가 이 영화가 걱정하는 상황처럼 되지 않을까? 챗 GPT, 바드, 미드저니 같은 생성 AI가 합성 데이터를 엄청나게 빠른 속도로 만들어내고 있다. 앞으로 인터넷에는 생성 AI로 만든 콘텐츠가 넘쳐날 것이다. 영국의 생성 AI 분석가인 니나 시크는 2년 뒤인 2025년에는 인터넷에 돌아다니는 콘텐츠의 90% 이상이 AI가 만든 작품이 될 것이라고 내다봤다.[13] 생성 AI는 인터넷에서 텍스트, 비디오, 오디오, 사진 등 콘텐츠를 인간보다 더 빠르게 만들 수 있으므로, 2023년 말까지는 AI를 적용한 콘텐츠 응용 프로그램이 중

---

13 Zdnet, 〈생성 AI로 만든 콘텐츠, 2년 뒤 인터넷 점령한다〉, 2023. 1. 15.

가하리라고 전망했다. 그는 "이런 추세가 지속되면 2년 뒤인 2025
년에는 사람이 만든 콘텐츠를 찾아보기 힘들 정도일 것이다"라고
말했다. 이렇게 되면 복제품의 복제품을 만드는 것처럼 AI가 만든
데이터로 AI를 학습하게 되는 상황이 도래한다.

　실제로 IT 분야 리서치로 유명한 글로벌 조사기관인 가트너는
생성 AI가 지금처럼 활성화되지 않은 2021년 6월에 이런 상황을
예측했다. 가트너는 2030년이 되면 실제 데이터가 아니라 AI에 의
해 합성한 데이터로 AI를 학습하는 상황이 도래하리라고 전망했
다. 물론 합성 데이터가 의도적으로 현실을 왜곡해 만든 페이크 데
이터나 성의 없이 생성한 가짜 데이터처럼 반드시 부정적이지만은
않다. 합성 데이터는 컴퓨터 시뮬레이션 등으로 디지털 환경에서

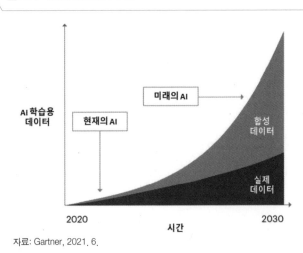

AI가 학습할 데이터의 구성

자료: Gartner, 2021. 6.

만들어낸 것으로 통계적으로는 실제 데이터를 반영하고 있다. 공장에서 불량 데이터를 학습할 때, 정상에 비해서 극히 낮은 비율로 불량 데이터가 발생하므로, 학습을 위해서는 데이터의 균형이 필요하고, 이때 의도적으로 통계적 방법을 써서 불량 데이터를 증강할 수 있다. 이런 경우는 엄밀하게 합성 데이터를 만들어낸다. 그러나 생성 AI에 의해서 만들어진 데이터는 사용자의 특정한 의도를 담고 있는 경우가 많아서 실제 세상과 다를 수 있다. 그러므로 복제인간을 복제하는 경우처럼 문제가 생기게 될 수도 있다.

최근 일본 이화학연구소 하타야 류이치로 연구팀이 이에 대해 연구한 결과를 내놨다.[14] 이미지 생성 AI 서비스인 스테이블 디퓨전의 원본 이미지 세트에 AI가 생성한 이미지를 섞은 후, 이전에 못 본 이미지를 얼마나 도출하는지 실험했다. 생성 이미지를 0%, 20%, 40%, 80% 섞은 데이터 세트를 만들어 이미지 생성 AI 프로그램을 훈련시켰다. 그랬더니 원본 이미지로만 구성된 데이터로 훈련한 모델은 1,000개의 이미지 중 75.6%가 새로운 이미지였다. 생성 이미지가 20% 섞인 데이터로 훈련한 모델은 74.5%의 새로운 이미지를 만들었고, 40%에서는 72.6%, 80%에서는 65.3%로 새로운 이미지를 생성하는 성능이 떨어졌다. 복제인간을 복제하면 바보 되는 게 사실로 입증됐다. 생성 AI에 의해 인터넷 세상이 오염된다면 결국 AI 성능도 점점 떨어지게 될 것이다.

---

14 Ryuichiro Hataya et al, 〈Will Large-scale Generative Models Corrupt Future Datasets〉, arXiv, 2022. 11. 15.

빅데이터의 한계

AI의 성능 향상에 빅데이터가 결정적인 역할을 한다는 사실은 잘 알려져 있다. AI 기술이 오랜 기간 정체되다가 급격히 발전한 이유도 컴퓨팅 파워에 기반한 딥러닝 기법을 적용하면서부터다. 2012년 이미지넷 챌린지에서 CNN(합성곱신경망) 기반의 딥러닝 알고리즘이 우승한 이후, 연구자들은 빅데이터를 때려넣으면 성능이 급격히 향상된다는 사실을 깨달았다.

실제로 최근 초거대 언어모델 개발 경쟁에서도 데이터와 파라미터(매개변수) 수를 대규모로 증가시키자 AI 성능이 급격히 발전했다.[15] 초거대 언어모델을 비교한 연구에 따르면 파라미터 수가 어느 시점을 넘어가자 AI 모델의 성능이 갑자기 증가하는 구간이 나왔다. 딥러닝 모델은 쉽게 말하면 수많은 1차식 aX+b로 구성되어 있다. 여기서 X 앞에 붙는 a가 파라미터인데, 이런 1차식이 수천억 개가 존재한다. 따라서 파라미터의 수가 모델의 크기이고, 파라미터가 많은 모델이 대체로 데이터 학습량도 많다. 이 연구를 보면 구글의 람다(LaMDA)나 오픈AI의 GPT-3 같은 모델은 파라미터가 수백억 개 수준에서 성능이 갑자기 높아진다. 딥마인드의 고퍼(Gopher)나 친칠라(Chinchilla) 모델 역시 파라미터가 수천억 개 이상으로 늘어나자 성능이 갑자기 올라갔다. 비록 AI 모델 내부에서

---

15 Jason Wei et al., 〈Emergent Abilities of Large Language Models〉, arXiv, 2022. 10. 26.

무슨 일이 일어났는지는 모르지만, 인간이 인식하는 것처럼 데이터의 의미를 학습하게 된 것은 분명하다.

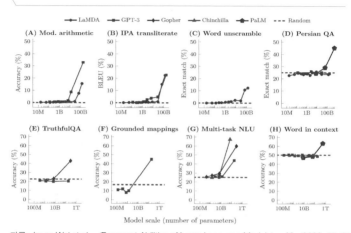

자료: Jason Wei et al., 〈Emergent Abilities of Large Language Models〉, arXiv, 2022. 10. 26.

그런데 크기 경쟁을 하던 초거대 AI 개발사들의 입장이 조금 달라졌다. 초거대 AI 모델은 크기가 커질수록 막대한 컴퓨팅 파워가 들어가고 개발기간이 기하급수적으로 늘어난다. 데이터 가공, 운영, 모니터링과 재학습 등 관리비용의 증가가 해결해야 할 새로운 문제점이 됐다. 이에 따라 모델 크기만을 늘리던 방식에서 벗어나 새로운 기법을 활용하여 성능을 향상시키고 있다. 데이터를 학습시키는 방법을 혁신한 퓨샷러닝 기법을 적용해 학습하거나 알파고를 개발한 딥마인드처럼 메모리를 모델 밖에 구축하는 혁신적인 방법을 활용하고 있다.

그러던 중 오픈AI에서 GPT-4가 나왔는데, 모델 크기에 대해 어느 정도 결론이 난 것 같다. GPT-4를 발표하면서 샘 알트만 CEO는 "초거대 언어모델의 사이즈 경쟁은 이제 끝났다"라고 선언했다. GPT-4에서 모델의 크기를 얼마나 키웠는지 밝히지 않았지만, 파라미터 크기를 아무리 증가시켜도 더 이상 유의미한 성능 향상을 보이지 않음을 확인한 것이다. 실제로 다양한 분야에서 인공지능 모델을 개발할 때, 데이터의 규모가 커질수록 모델 성능이 좋아지지만 일정 수준을 넘어서면 모델 성능의 증가가 나타나지 않는다. 초거대 AI 기술에서도 이런 상황이 도래한 것이다.

또 인터넷에 있는 데이터가 모두 양질의 데이터가 아니기 때문에, 데이터 크기만 늘린다고 성능이 비례적으로 증가하지 않는다. 빅데이터보다는 굿데이터의 필요성이 나오는 이유다.

모델 중심에서 데이터 중심의 인공지능으로

이처럼 초거대 언어모델에서도 파라미터와 데이터 크기를 무한정 키우는, 빅데이터 중심의 성능 개선이 한계에 다다랐다. 다른 인공지능 분야에서는 이미 이런 움직임이 나타났다. 대부분의 비즈니스에서 활용되는 인공지능에서 모델 개선은 한계에 다다른 지 오래다. 이제는 인공지능 솔루션의 성능을 높이려면 데이터를 개선해야 한다.

구글 브레인을 이끌고 코세라를 설립한 인공지능 분야의 대가인 앤드류 응(Andrew Ng) 박사가 2021년 3월 딥러닝AI를 통해 전 세계 AI 전문가들과 대담을 나눴다.[16] 여기서 모델 중심의 인공지능이 저물고 데이터 중심의 인공지능 시대가 도래했다고 말했다. 그는 철강 제조업체와 진행한 인공지능 프로젝트 사례를 들었다. 응 박사와 연구진들은 영상인식 기술을 활용해 강판의 표면 불량을 판정하는 기술을 개발했다. 최소한 90% 이상의 정확도를 목표로 모델을 개발했는데, 초기 모델의 정확도는 76.2%였다. 이 모델을 개선하기 위해 두 팀으로 나눠, 한 팀은 모델을 개선했고, 다른 팀은 데이터를 개선했다. 모델 개선 팀은 더 나은 알고리즘을 쓰거나 최적 알고리즘을 섞어서 사용하는 방법을 썼고, 데이터 개선 팀은 데이터 라벨링을 수정했다. 그 결과 모델 개선으로는 정확도가 하나도 증가하지 않았는데, 데이터 개선을 통해서는 정확도가 16.9%p

▶ 인공지능 개발에서 모델 중심 개선과 데이터 중심 개선의 결과 차이

	강판 불량 감지	태양광 패널 불량 감지	기타 제품 표면불량 감지
초기 모델	76.2%	75.68%	85.05%
모델 중심 개선	+0%p (76.2%)	+0.04%p (75.72%)	+0.00%p (85.05%)
데이터 중심 개선	+16.9%p (93.1%)	+3.06%p (78.74%)	+0.4%p (85.45%)

자료: DeepLearningAI,
〈A Chat with Andrew on MLOps : From Model-centric to Data-centric AI〉, 2021. 3. 25.

16 DeepLearningAI, 〈A Chat with Andrew on MLOps: From Model-centric to Data-centric AI〉, 2021. 3. 25.

상승했다. 이후 비슷한 방법을 태양광 패널의 불량을 찾는 프로젝트와 또 다른 제조업체의 제품 표면 불량 감지 프로젝트에 적용했다. 결과는 비슷했다. 모두 모델 개선을 통해서는 성능이 별로 높아지지 않았는데, 데이터를 개선했을 때 더 나은 결과를 얻었다.

그러면 데이터를 개선한다는 게 구체적으로 어떤 의미인지 알아보자. 이는 인공지능 개발과 활용, 재학습 전 과정에 걸쳐, 일관된 원칙으로 데이터 라벨링을 함으로써 고품질의 데이터셋을 만든다는 뜻이다. 가령, 음성인식 솔루션을 개발할 때 음성에 대응하는 텍스트를 태깅한 후 음성 데이터와 텍스트 데이터를 쌍으로 저장해서 인공지능이 학습하도록 한다. "음. 오늘 날씨가 좋네요"라는 음성을 라벨링할 때, 어떤 사람은 "음, 오늘 날씨가 좋네요"라고 태깅하고, 다른 사람은 "음…, 오늘 날씨가 좋네요"라고 붙이고, 또 다른 사람은 "오늘 날씨가 좋네요"라고 라벨링할 수 있다. 인공지능 학습용 데이터 구축 시에 이런 일이 아주 빈번하게 일어난다. 그러면 컴퓨터는 이 세 가지 데이터를 모두 다른 의미로 이해한다. 이 세 가지 방식 중 어느 것을 써도 되지만 한 가지 방식을 채택했으면 끝까지 그 원칙을 지켜서 라벨링해줘야 한다. 영상인식 모델 개발에서도 도마뱀 두 마리가 섞여 있는 사진에 바운딩 박스를 친다고 할 때, 어떤 사람은 두 마리를 합쳐서 하나의 경계를 표시하고, 다른 사람은 두 마리 각각 경계를 표시하되 겹치지 않도록 하고, 또 다른 사람은 두 마리 각각 경계를 표시하되 경계가 겹치도록 할 수 있다. 이 방법 역시 어떤 방법을 쓰더라도 일관성을 지켜야 한다.

이처럼 일관성을 지키며 순도 높은 데이터셋을 구성하면 데이터 수가 적어도 인공지능 성능을 높일 수 있다. 앤드류 응 박사는 라벨링이 일관되지 않은 데이터, 즉 노이즈가 들어간 데이터 12%를 보유한 데이터셋을 가지고 실험을 했다. 500개의 데이터 중 12%인 60개의 데이터를 일관성 있는 데이터로 고친 후 성능 향상을 측정했고, 다른 곳에서는 똑같이 12%의 노이즈가 들어간 데이터의 수를 늘려나가면서 모델의 성능 향상을 조사했다. 그랬더니 데이터를 수정하는 게 더 효율적으로 나왔다. 60개의 데이터를 수정해서 올라간 성능만큼 모델을 개선하려면 1,500개의 데이터가 필요한 것으로 나타났다. 비즈니스에 따라서 빅데이터를 쉽게 얻을 수 있는 분야에서는 데이터 수를 늘리는 게 더 효율적일 수 있지만, 데이터를 얻는 것이 비용이 많이 드는 분야도 많다. 그러므로 학습용

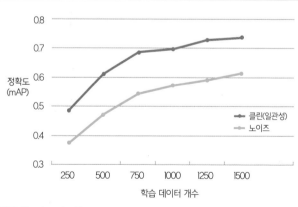

▶ 데이터 종류에 따른 성능 향상 그래프

자료: DeepLearningAI,
〈A Chat with Andrew on MLOps: From Model-centric to Data-centric AI〉, 2021. 3. 25.

데이터셋을 만들 때부터 일관성을 유지해서 고품질의 데이터를 만드는 게 좋다.

챗GPT 같은 초거대 언어모델에 이 메커니즘을 적용하면, 인터넷에 있는 노이즈가 들어간 데이터를 많이 넣는 것보다 양질의 데이터를 정제해서 학습시키는 것이 성능향상을 위해 더 효과적이라는 의미다. 챗GPT 파인 튜닝의 필요성이 여기에도 있다.

그런데 이것이 말처럼 쉽지 않다. 많은 기업이 학습용 데이터를 구축할 때 크라우드 워커를 활용한다. 수많은 크라우드 워커가 모두 똑같은 기준을 가지고 라벨링을 할 가능성은 없다. 우리 정부에서도 매년 수천억 원 규모의 인공지능 학습용 데이터셋 구축 사업을 통해 공공 데이터를 만들고 있는데, 데이터 품질이 기대만큼 나오지 않는다는 게 문제다. 수십만 명이 참여하는 프로젝트에서 데이터 라벨링의 일관성을 확보하기가 쉽지 않기 때문이다.

인공지능 전문가의 역할은 데이터 일관성 확보

데이터 개선을 통해 모델의 성능을 개선하는 데이터 중심의 AI 시대에 인공지능 전문가의 가장 중요한 역할은 인공지능 프로젝트 전 사이클에 걸쳐 순도 높은 데이터를 구축하는 것이다. 크라우드 워커에 의존할 수밖에 없는 기업은 데이터 검수 프로세스를 시스템화하는 것도 한 방법이다. 비용이 더 들더라도 두 사람의 크라우드 워커가 라벨링을 하게 하고, 라벨링이 서로 다른 경우에 검수자가 일관된 원칙을 정해서 적용하는 것이다.

흔히 의료계에서 인공지능 데이터셋을 만들 때 이런 방법을 사용했다. 암 가능성 있는 환자의 사진에 나타난 증상을 라벨링한다고 했을 때, 의사마다 견해가 다를 수 있다. 궤양화, 종양, 염증, 모자이크화, 반점 등 각 증상의 경계에 해당되는 경우 의사마다 다르게 해석할 수 있다. 서로 다른 결과가 나왔을 때 선임 의료진이 참여하여 토론을 통해 증상을 확정하는 방식으로 의료 데이터를 구축했다.

그러므로 이제 인공지능 전문가를 양성할 때 교육의 핵심이 알고리즘과 모델링은 물론이고 인공지능 프로젝트 전반을 이해하고, 데이터의 일관성 관점에서 이를 관리할 수 있는 인재를 기르는 것이 핵심이 돼야 한다. 데이터 중심의 인공지능 시대에 인공지능 전문가의 역할은 인공지능 개발, 활용, 모니터링 전 과정을 데이터의 일관성을 가지고 관리하는 것이다. 그래서 인공지능 수명주기 전 과정이 고객 불만 없이 빠르게 돌아가도록 해야 한다. 데이터 일관성 기준에서 인공지능개발과 활용 전 과정을 관리해야 한다. 데이터 확보 과정에서 일관성을 어떻게 유지할지, 이후 재학습에서도 이런 원칙을 시스템적으로 지켜나갈 수 있는지, 그 방법을 고민하는 것이 인공지능 전문가의 핵심적인 역할이 돼야 한다.

굿데이터가 좋은 인공지능을 만들어

좋은 데이터가 좋은 인공지능을 만든다. 데이터의 일관성 말고도 굿데이터는 방향성도 중요하다. 생성 AI에 의해 손쉽게 데이터가 양산되면, 인터넷 공간은 실제와 다른 데이터로 넘쳐나게 된다. 얼마 지나지 않아, 인공지능에 의해 만들어지지 않고, 사람이 만든 데이터만 다루는 유료 웹사이트가 나올 수도 있다. 생성 AI에 의해 데이터가 오염되면 앞으로 인공지능 학습을 위한 좋은 데이터 필요성이 더 커질 것이다. 인공지능은 데이터에 의해 특징이 결정되기 때문에, 굿데이터를 만들기 위해서 사람 손을 거칠 수밖에 없다.

● 양질의 데이터에는 방향성이 담겨 있다

처음 챗GPT가 나왔을 때 사람들이 열광한 이유는 흡사 사람과 대화하는 것 같아서다. 이는 챗GPT를 개발할 때 사람들의 피드백으로 한 번 더 학습했기(RLHF, Reinforcement Learning from Human Feedback) 때문이다. 이 과정은 3단계로 진행됐다. 1단계는 지도 학습을 통해 대화를 파인 튜닝하는 작업을 수행했다. 사람이 입력한 질문에 다른 사람이 답을 달고 그 답변을 기반으로 모델을 학습시킨 것이다. 2단계는 보상모델 학습을 진행했다. 대량의 프롬프트에 대해 다중 답변을 추출해서 사람이 이에 대해 우선순위를 매기고 그 순서를 모델이 학습해서 가급적 높은 순위의 답변을 예측하도록 했다. 3단계로 정책 강화학습을 실시했다. 대량의 프롬프트를 확보해서 새로운 질문을 만들고 2단계의 챗GPT가 답변을 생성한다. 그런 후 이를 지도학습과 보상모델 과정을 거쳐서 재학습시켜 모델을 개선했다. 아마도 이 방법은, 사람들이 챗GPT를 사용하면서 나타난 심각한 문제점을 개선하기 위해 지속적으로 적용하는 것 같다.

요컨대, 챗GPT는 사람이 모델을 미세조정한 게 핵심이다. GPT 모델은 인터넷에 있는 거의 모든 말들을 학습해서, 단어 사이의 확률값을 구한 것이다. 아이러니하게도 이 확률대로 문장을 만들었더니, 사람이 쓰는 말과 다르게 느껴져 그대로 쓸 수 없었다. 그래서 사람들이 이 확률값을 조정해서 사람의 실제 대화와 비슷하게 만든 것이다.

이처럼 챗GPT의 첫 버전을 만들 때 사람의 손이 많이 들어갔다. 이처럼 사람 손이 많이 들어가야 방향성을 담은 양질의 데이터를 만들 수 있다. 데이터를 어떻게 구축하느냐에 따라 인공지능의 성능뿐 아니라 특징이 정해진다. 특정 분야 활용을 위한 챗GPT 파인튜닝에서도 이런 방향을 명확히 정해야 한다.

● 좋은 AI를 만드는 기준, HHH

챗GPT 개발을 비롯해서 많은 AI 서비스 개발사들이 사람들에게 도움되고, 문제도 생기지 않는, 좋은 AI를 개발하기 위해 사람들의 피드백을 활용한다. 이 이슈를 AI 분야에서 본격적으로 제기한 기업이 구글이 투자해서 화제가 된 앤트로픽(Anthropic)이다. 앤트로픽은 좋은 AI를 만들기 위해서는 사람에 의한 강화학습(RLHF, Reinforcement Learning from Human Feedback)을 거쳐야 하고, HHH 기준을 따라야 한다고 주장했다.[17] AI를 개발한 후 사용자에게 바람직한 방향으로 만드는 것을 정렬(Alignment)이라고 하는데, 이 정렬의 기준이 HHH, 즉 Helpful, Honest, Harmless다. 첫째는 Helpful, AI의 답변이 사람들에게 도움이 돼야 한다는 것이다. 질문의도대로 답변을 제대로 하고 의미 있는 답을 내놓는지가 중요하다. 둘째는 Honest, 정직하고 정확해야 한다. 거짓말하면 안 되고, 모르면 모른다고 해야 한다. 이 책에서도 여러 군데서 다룬 것처럼 초거대 언어모델의 기술 특성상 할루시네이션은 피할 수 없으므로 이 기준을 만족시키는 것은 매우 어렵다. 그럼에도 일정 수준을 넘어서기 위해 노력해야 한다. 셋째는 Harmless, 편견, 폭력, 범죄 등을 제외하자는 것이다. 챗GPT도 이 과정을 거쳤다. 오픈AI는 챗GPT의 윤리기준을 높이기 위해 방대한 규모의 말뭉치를 케냐의 아웃소싱 회사로 보냈다. 케냐 노동자들은 아동 성적학대, 자해, 자살 등 폭력, 증오, 편견과 관련된 단어를 분류하고 손보는 작업을 수행했다. 챗GPT로 인해 초거대 언어모델과 이를 활용한 서비스 개발이 봇물 터지듯 나오고 있다. 바람직한 서비스를 개발하기 위해서는 방향성이 명확한 굿데이터를 구축하는 게 매우 중요하다.

17 Amanda Askell et al., 〈A General Language Assistant as a Laboratory for Alignment〉 arXiv, 2021. 12. 9.

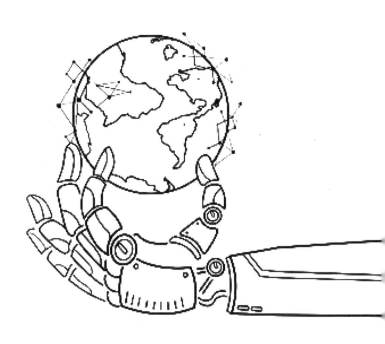

10장

챗GPT와 바드의 차이
초거대 언어모델의
발달 과정

2022년 11월 말에 출시된 대화형 인공지능인 챗GPT에 세계적 광풍이 불자, 잔뜩 긴장한 구글이 2023년 5월 15일에 바드를 내놓았다. 바드는 인터넷 검색이나 음성 입력 등 챗GPT에는 없는 기능도 많다. 언론에는 똑같은 질문을 챗GPT와 바드에 해놓고, 어떤 게 성능이 좋은지 분석하는 기사가 많이 보도됐다. 그럼에도 사람들은 여전히 챗GPT를 많이 쓴다. 대화형 AI를 많이 쓰는 사람은 둘 다 쓰기도 하지만, 바드가 챗GPT 사용자를 많이 빼앗아가지는 못한 것 같다.

챗GPT를 바드보다 많이 쓰는 이유는 선도제품이기도 하지만, UI 차이도 크다. 챗GPT는 글자가 완성되는 과정이 보이는데 반해, 바드는 한꺼번에 답변이 나온다. 심지어 구글의 장점으로 답변이 금방 나온다. 이로 인해 챗GPT는 글자가 만들어지는 과정을 보며 마치 사람과 대화하고 있는 느낌을 받는다. 반면, 바드는 누군가가 답을 만들어내고 있다는 느낌을 주지 못한다. 그냥 컴퓨터에서 답을 찍어내는 것 같다. 챗GPT를 쓰는 이유가 정보 습득이나 업무 수행도 있지만, 사람과 대화하고 싶은 욕구도 그 중 하나라면, 컴퓨터스럽지 않고 인간스러운 UI는 큰 도움이 될 것이다.

아무튼 챗GPT와 바드는 지금까지 나온 인공지능 서비스와는 차원이 다른 사용성으로 금세 사람들을 매혹시켰다. 챗GPT와 바드가 나오기까지 인공지능은 발전을 거듭해왔다. 아주 오래 전부터.

이미 오래된 인공지능

인공지능의 개념은 1950년대에 싹트기 시작했다. 영국수학자 앨런 튜링은 1950년 〈계산 기계와 지능(Computing Machinery and Intelligence)〉이란 논문에서 학습하는 기계와 생각할 수 있는 기계의 가능성에 대해 언급하고, 튜링 머신을 설계했다. 그는 기계가 인간과 차이 나지 않은 답변을 내놓는다면 그것은 지능이 있다고 간주할 수 있다고 주장했다. 튜링은 컴퓨터 기술의 역사에서 보면, '원시시대'에 컴퓨터가 복잡한 계산을 하고 능력이 계속 발달하면 인간에 가까워질 수 있다는 생각을 한 것이다. 튜링 머신 기술이 존 폰 노이만 교수에게 영향을 주어 현대 컴퓨터 구조의 표준이 되었다. 특히 1956년 다트머스 대학에서 개최된 학술회의에서 '인공지능'이라는 용어가 처음으로 사용됐고, 인공지능의 초창기 개념이 논의됐다.

그러다가 사람의 뇌가 작동하는 기능을 간단히 흉내 낼 수 있는 퍼셉트론(Perceptron)이란 개념이 나왔고, 신경망 이론이 발전했다. 이후 1960년대 인공신경망 이론을 바탕으로 인공지능 연구가 활발히 진행됐다. 그러다가 저명한 인지과학자인 마빈 민스키와 세이무어 페퍼트는 퍼셉트론은 선형 분리가 가능한 문제는 풀 수 있지만 복잡한 문제에서는 한계를 가질 수밖에 없음을 지적했다. 특히 계산 조합의 경우의 수가 폭발적으로 증가하는 문제를 인공지능이 다룰 수 없다는 사실이 많은 학자들에 의해 입증됐다. 이로 인해 여러 나라에서 인공지능 연구에 대한 예산을 대폭 축소함으로써, 1970년대 인공지능 연구는 암흑기에 들어갔다. 그래서 1970년대에는 인공지능 연구가 당시 기술로 구현이 어려운 인공신경망을 활용하지 않고, 실용적인 통계적 기법을 발전시키는 방향으로 진행됐다. 기업을 중심으로 실험계획법, 통계적 품질관리 기법 등을 활용해 현장의 문제를 해결하며 커다란 성과를 거뒀다.

이렇게 산업계를 중심으로 통계적 문제해결 방식이 발전하던 중 1980년대에 전문가 시스템이 도입되며 인공지능 연구가 다시 활성화됐다. 전문가 시스템은 전문가가 지닌 전문지식과 경험을 컴퓨터에 축적하여 전문가와 동일한 문제해결 능력을 가질 수 있도록 만든 시스템이다. 그러므로 전문가가 가진 지식과 경험의 데이터베이스와 이를 활용할 수 있는 추론엔진이 핵심이다. 전문가 시스템은 미국 500대 기업의 절반 이상이 사용할 정도로 인기를 끌었다. 하지만 1990년대 들어 투자 대비 효과의 한계가 지적되고 관리

범위가 방대해 인공지능 연구는 점점 약해졌다. 인공지능 연구가 두 번째 암흑기에 들어선 것이다.

날개를 단 인공지능

2000년대 이후 컴퓨팅 파워가 발전하면서 인공지능 연구가 다시 활발해졌다. 그동안 이론적 연구에서 더 이상 진행되지 못했던 인공 신경망 기법이 컴퓨터 하드웨어 기술 발달로 실제 계산이 가능해졌기 때문이다. 2006년 토론토 대학의 제프리 힌튼(Geoffrey Hinton) 교수는 〈심층 신뢰 신경망(Deep Belief Network)〉이라는 알고리즘에 대한 논문을 발표했다. 그리고 2012년 이 기술의 압도적인 성능이 입증되는 사건이 일어났고, 이게 인공지능 분야를 바꿨다.

2006년 비영리 프로젝트로 만들어진 이미지 분류 데이터베이스 이미지넷이 영상인식 기술 발전에 많은 영향을 미쳤는데, 특히 2010년부터 벌어진 이미지넷 영상인식 대회를 통해 많은 기술이 소개됐다. 이 대회에서 참가 팀들은 1천 개가 넘는 카테고리로 분류된 100만 개의 이미지를 인식하여 그 정확도를 겨룬다. 다양한 알고리즘을 들고나온 팀들은 0.1% 성능 개선을 위해 치열하게 경쟁했다. 그런데 2012년 제프리 힌튼 교수가 이끄는 토론토대학 팀이 다른 팀과 10% 이상의 압도적인 차이로 우승하게 됐다. 더욱이 토론토대학 팀은 그 해 처음 출전한 것이었다. 당시 활용한 알고리즘이 알렉스넷(Alexnet)이었는데, 지금은 영상인식에서 대중화된 합성곱신경망(Convolutional Neural Network, CNN) 기법을 적용한 심층신경망(Deep Neural Network)이었다. 이후 이미지넷에서 심층신경망을 활용한 다양한 딥러닝 기법이 선보였고, 대부분의 우승을 차지했다. 영상인식에서 딥러닝 이외의 알고리즘은 자취를 감췄다.

이후 2016년 우리가 잘 아는 알파고와 이세돌 기사의 바둑 경기에서 인공지능이 인간 1등을 이김으로써, 인공지능 기술의 파괴력에 대해 놀랐다. 인공지능이 인간의 능력을 쉽게 넘어설 수 있음이 드러나면서, 글로벌 기업을 중심으로 거대 자금을 투자해서 인공지능 기술을 발전시키게 됐다. 과거에는 상상할 수 없었던 컴퓨팅 파워를 구축해, 이전까지는 불가능했던 대규모 데이터를 학습한 인공지능이 속속들이 출현하게 됐다.

챗GPT도 그 중 하나다.

초거대 언어모델의 진화

챗GPT는 말을 생성하는 초거대 AI를 활용한 서비스로, 오픈AI 개발한 GPT-3.5, GPT-4 등 초거대 언어모델(Large Language Model) 기술이 기반이다. 초거대 언어모델은 인간의 언어를 컴퓨터에서 구현하는 자연어처리 분야에서 개발된 언어모델(Language Model)이 발전을 거듭하면서 만들어졌다. 즉 언어모델은 문장 내에서 앞서 주어진 단어를 기반으로 빈 곳에 어떤 단어를 넣어야 문장이 자연스러운지, 빈 자리에 들어올 단어에 확률을 할당하는 모델이다. '길이 막혀서 약속시간에 (   )'라는 문장을 생성할 때 (   ) 안에 들어갈 확률이 가장 높은 단어는 '늦었다'라고 예측할 수 있다. 언어모델은 기계 번역, 오타 교정, 음성인식, 검색어 추천 등에 꾸준히 사용됐다.

● 통계적 언어모델

언어모델이 발전한 계기는 초기 통계적 방법을 차용하다가 인공신경망 언어모델이 차용되기 시작하면서부터다. 통계적 언어모델은 이전에 나온 단어들을 기반으로 가장 자연스러운 문장을 구성할 수 있도록 다음 단어를 통계적으로 예측하는 기법이다. 핵심은 주어진 단어에 대한 다음 단어의 확률이다. 이 확률은 상당한 양의 말뭉치 데이터로부터 추출한다. 말뭉치 데이터는 책, 인터넷, 말뭉치 구축 사업처럼 비용을 들여 만들어낸 사람들의 대화 등을 통해 만든다. 그러나 아무리 말뭉치를 많이 구축했더라도 사람이 쓰는 다양한 화법과 문장의 개별성을 감안할 때, 말뭉치에 고스란히 존재하지 않는 문장이 많다. '길이 지독히도 막혀서 약속시간에 (   )'라는 문장이 글자 한 글자 한 글자 그대로 말뭉치 내에 존재하지 않을 가능성이 있고, 이런 경우 언어처리 성능이 떨어졌다. 즉 예외적인 사례 처리나 응용 작업이 불가능했다. 그래서 인공신경망 언어모델이 대안으로 떠올랐다.

● 인공신경망 언어모델

인공신경망 언어모델은 통계적 언어모델과 달리 학습 데이터에 존재하지 않는 문장을 추론할 수 있다. 통계적 언어모델은 학습의 기반이 되는 말뭉치 데이터에 있는 단어 조합을 독립적으로 보기 때문에 데이터에 없는 문장이 나오면 처리가 어렵게 된다. 그러나 인공 신경망 언어모델은 학습 데이터를 벡터로 바꾸기 때문에 유사성을 지닌 단어들의 의미 관계를 고려해서 추론할 수 있게 만든다. '길이 지독히도 막혀서 약속시간에 (   )'라는 문장을 학습 데이터에서 곧이곧대로 찾지 않고, 의미를 판단해 '늦었다'라는 말을 만들어낼 수 있다. 인공신경망 언어모델을 차용하면서부터 번역 성능이 좋아지고, 문장생성이 좀더 자연스러워졌다.

그러나 인공신경망 언어모델이 자연어처리에 많은 개선을 가져왔지만, 긴 문장의 경우 오역 등 문제가 여전히 자주 나타났다. 순차적으로 앞에 나온 단어를 주로 신경 쓰다 보니, 먼저 입력된 데이터 정보가 쉽게 소실됐다. 주어가 나온 후 설명하는 단어들이 중간에 많이 들어간 문장에서는 주어와 서술어가 긴밀히 호응이 되지 않는 경우가 많았다.

● 트랜스포머 모델과 어텐션 메커니즘

이런 문제점을 안고 발전하다가, 2017년 언어모델의 성능 향상에 획기적 혁신을 가져온 기법이 나왔다. 바로 트랜스포머(Transformer)다. GPT의 T도 트랜스포머를 뜻한다. 구글 브레인 팀이 발표한 트랜스포머 모델의 새로운 기술은 어텐션(Attention) 메커니즘이다.[18] 그래서 트랜스포머를 발표할 때 내놓은 논문 제목도 "Attention is All You Need"였다. 앞에서 잠깐 설명했지만, 언어모델에 많이 쓰인 CNN(Convolutional Neural Network, 합성곱 신경망)이나 RNN(Recurrent Neural Network, 순환신경망) 알고리즘의 단점은 문장의 길이가 길어졌을 때 성능이 떨어진다는 점이다. CNN은 합성곱 크기를 넘어서는 문맥을 읽어내지 못하고, RNN은 문장의 길이가 길어지면 오래 전에 입력된 단어가 비록 중요하더라도 잊어버리는 문제가 나타났다. 이로 인해 통계적 언어모델에 비해서는 번역이나 문장 생성이 많이 자연스러워졌지만, 사람의 자연스러움에는 미치지 못했다. 에텐션 메커니즘이 이 문제를 해결했다.

어텐션 메커니즘은 문맥을 파악해서 문장 내 단어들 가운데 가장 중요한 단어에 집중하고 나머지는 무시하는 방법이다. 그래서 단어들의 문맥적 관계성을 파악한 것이다. '하늘에서 내리는 눈'과 '하늘을 보는 눈'에서 '눈'은 문맥 내에서 전혀 다른 뜻을 가진 단어다. 어텐션 메커니즘은 이런 단어를 문맥 전체를 고려해서 파악할 수 있게 만든다. 그리고 문맥 내에서 가장 중요한 단어는 문장 생성이

---

18 Google Brain, 〈Attention is All You Need〉, arXiv, 2017. 12. 6.

오래된 이후에도 다시 쓰일 수 있도록 계속 집중(어텐션)하도록 한다. 2017년 트랜스포머 모델이 나오자 자연어처리의 문제가 많이 해결됐고, 이후 모델의 크기가 커지고 학습 데이터가 대폭 늘어나자 인간에 가까운 말을 할 줄 아는 언어모델이 나오게 된 것이다.

그럼 트랜스포머의 구조를 살펴보면서 기능을 간단히 알아보자. 트랜스포머는 크게 인코더(Encoder)와 디코더(Decoder) 블록으로

▶ 트랜스포머 아키텍처

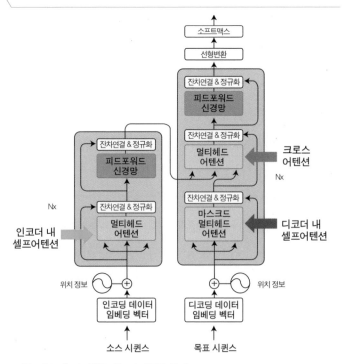

자료: 〈Attention is All You Need〉, 2017, 12, 6,

구성된다. 인코더는 소스 정보를 압축해서 디코더에게 전송하는 기능을 담당하고, 디코더는 압축된 정보를 받아 원하는 목적에 해당하는 문장을 생성하는 기능을 한다. 그러니까 인코더는 언어를 이해하는 역할을 담당하고 디코더는 언어를 생성하는 역할을 담당한다고 할 수 있다. 트랜스포머 모델은 이 인코더와 디코더 내에서 셀프 어텐션을 여러 번 수행해서 정확성이 높은 결과를 만들어낸다.

재미있게도, 트랜스포머의 인코더가 발전한 모델이 구글의 버트(Bert)고, 디코더 기능을 발전시킨 모델이 오픈AI의 GPT다. 따라서 버트는 언어 이해에 탁월한 성능을 보이고, GPT는 언어를 생성하는 걸 잘한다. 그래서 질문의 의도를 정확히 이해하거나 문장을 요약하는 서비스를 만들 때, 한동안 버트를 활용한 이유가, 언어 이해 성능이 높았기 때문이다. 한편 챗GPT가 인간과 흡사한 말을 할 줄아는 것도 언어 생성에 특화된 기능을 지속 발전시켰기 때문이다. 참고로 2023년 5월 출시된 바드는 버트와 GPT의 특성, 즉 인코더와 디코더 기능을 모두 발전시킨 모델이다.

다음 그림은 챗GPT와 바드 등 주요 초거대 언어모델이 어떤 과정을 거쳐 발전했는지 보여준다. 또 다른 그림은 2023년 현재 개발된 초거대 언어모델이 이전 모델에서 어떻게 진화되어왔는지 보여주는 것으로, 현존 모델의 특징을 파악할 수 있다.

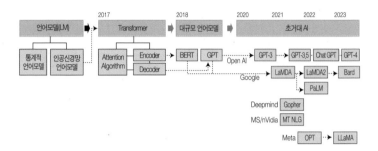

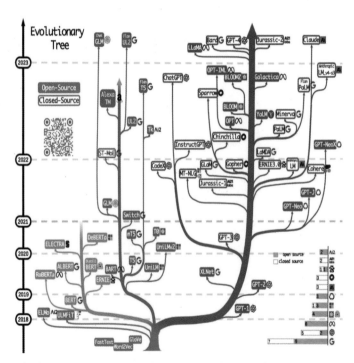

자료: Yang et al., 〈Harnessing the Power of LLMs in Practice: A Survey on ChatGPT and Beyond〉, arXive, 2023. 4.

이외, 챗GPT에 쓰인 기술

챗GPT의 기반 기술인 GPT 모델은 GPT-2의 파라미터(매개변수)가 15억 개였는데, GPT-3에서 1,750억 개로 급격히 늘었다. 파라미터는 인공신경망 모델에서 1차식의 개수다. 인공신경망은 뇌의 뉴런에서 다른 뉴런으로 시냅스를 통해 정보를 전달하는 현상을 모방해서 만들었다. 그림에서 동그란 그림이 뉴런에 해당하는 노드고, 화살표가 시냅스에 해당된다. 시냅스를 통해 전 단계의 노드 값들에 가중치를 곱한 값을 더한 게 다음 단계(층)의 노드 값을 결정한다. 한국어 언어모델을 만들 때, 한국인들이 자주 쓰는 단어가 5,800개이므로 첫 단계 노드를 5,800개로 정할 수 있다. 이처

▶ 인공신경망 구조

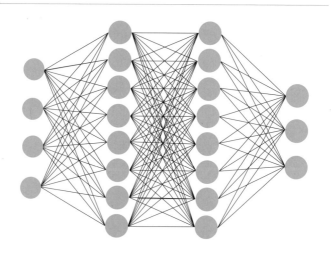

럼 실제 언어모델은 이런 신경망의 노드도 매우 많고, 층도 매우 많다. 이 층이 깊다고(Deep) 해서 딥러닝으로 불린다. 파라미터는 여기서 시냅스에 해당하는 화살표의 개수다. 그러니까 파라미터가 1,750억 개가 되면 계산량을 매우 많이 요구하는 모델이 된다.

● 퓨샷러닝

파라미터가 늘어난 만큼 성능을 높이기 위해서는 모델 파라미터의 미세조정 작업인 파인 튜닝이 필요하고 이를 위해 방대한 데이터를 학습시켜야 한다. 이때 오픈AI는 퓨샷러닝(Few-shot Learning)이라는 방법을 사용함으로써 데이터 학습에 들어가는 시간과 비용을 아끼면서도 성능 향상을 꾀했다.[19] 퓨샷러닝은 예시를 도식화해서 넣어주는 방법이다.

> 아래 단어를 번역해줘.
> 사과 → Apple
> 배 → Pear
> 딸기 → Strawberry
> 수박 → ?

특히 파라미터가 큰 모델일수록 퓨샷러닝의 효과가 좋았다. 그래서 챗GPT 프롬프트에 예시를 넣어서 입력하면 좋은 결과가 나오는 것이다.

---

19 Google Brain, 〈Attention is All You Need〉, arXiv, 2017. 12. 6.

● 사람에 의한 강화학습

챗GPT의 차별화된 특징은 사람과 거의 비슷하게 말을 한다는 점이다. 챗GPT가 나왔을 때 사람들이 열광한 이유도 흡사 사람과 대화하는 것 같아서다. 이를 위해 사람에 의한 강화학습, 즉 RLHF(Reinforcement Learning from Human Feedback)를 체계적으로 실시해서 인간과 흡사하게 보이도록 만들었다. RLHF 과정은 3단계로 진행됐다. 1단계는 지도학습을 통해 대화를 파인 튜닝하는 작업이다. 사람이 입력한 질문에 다른 사람이 답을 달고 그 답변을 기반으로 모델을 학습시킨 것이다. 2단계는 보상모델 학습이다. 대량의 프롬프트에 대해 다중 답변을 추출해서 사람이 이에 대해 우선순위를 매기고 그 순서를 모델이 학습해서 가급적 높은 순위의 답변을 예측하도록 했다. 3단계는 정책 강화학습이다. 대량의 프롬프트를 확보해서 새로운 질문을 만들고 2단계의 챗GPT가 답변을 생성한다. 그런 후 이를 지도학습과 보상모델 과정을 거쳐서 재학습시켜 모델을 개선했다. 이런 사후 강화학습 과정을 거치고 나서야 비로소 인간다운 말을 하게 된 것이다. 사람과 비슷한 이유는 사람 손이 많이 들어갔기 때문이다.

● 빔 서치와 자기회귀 알고리즘

빔 서치(Beam Search Decoder)와 자기회귀 알고리즘은 GPT에서만 쓰인 기술은 아니고, 언어모델이 발전해오면서 효과가 입증된 기술이다. 앞에서도 설명한 것처럼 챗GPT와 같은 언어모델은 빔 서치와 자기회귀 기법을 활용해 문장을 생성한다. 자기회귀 기법은 이전 단어에 기반해서 다음 단어를 예측하는 기술이고, 빔 서치는 다음 단어에 올 확률 높은 단어를 몇 개 한정해서 기억하고, 나머지는 고려하지 않는 방법이다. 사실 이상적인 방법은 질문이나 주어진 단어 다음에 나오는 단어의 경우의 수를 모두 예측해서 무한대에 가까운 문단을 만든 후, 이 중 가장 높은 확률을 계산하면 된다. 하지만 그게 불가능하다. 한국인이 5,800개의 낱말을 자주 쓰는데, 100단어로 된 문장을 생성한다고 하더라도 5,800의 100제곱($5,800^{100}$)이라는 경우의 수를 다 계산해줘야 한다. 현재 컴퓨팅 기술로 불가능에 가깝다.

　이를 방지하기 위해서 빔 서치는 다음 단어 자리에 들어올 수 있는 단어 중 확률 높은 단어 순으로 몇 개 선택한 후, 이에 해당되는 조합을 유지해가면서 문장을 생성한다. 구글의 바드는 답변을 3개 제공하고 있는데, 빔 서치에서 세 번째까지 확률 높은 단어를 예측하게 한 결과라고 생각하면 된다. 사실 빔 서치보다 더 경직된 모델은 그리디 서치(Greedy Search Decoder)다. 그리디 서치는 다음 단어 자리에 나올 단어 중 확률이 제일 높은 1개의 단어만으로 문장을 생성하는 방식이다. 이 방식은 결과가 의도하지 않은 방향으로 나아갈 가능성이 매우 높아, 이를 개선한 것이 빔 서치다.

　하지만 빔 서치를 사용하더라도 기본적으로 질문에 나온 정보나 이전에 나온 단어에 기반해서 문장을 생성하기 때문에, 한번 삐끗하면 삼천포로 빠질 수밖에 없다. 할루시네이션을 피할 수 없다.

할루시네이션을 피하려면 챗GPT에 입력하는 질문 정보가 사실인지를 체크하는 기술과 챗GPT가 생성하는 문장이 사실인지를 체크하는 기술을 넣어줘야 한다. 앞으로 이런 방향으로 나아갈 것이라고 생각하지만, 이런 메타인지적인 기술을 구현하는 게 쉽지 않다. 그러므로 챗GPT 사용자는 할루시네이션을 최소화해서 활용하고, 할루시네이션이 나타나도 상관없는 기획이나 마케팅 등의 문제발견 분야에서 챗GPT를 쓰는 편이 낫다.

터미네이터의 현실화?
AI가 인간을 지배할 수 있을까?

알파고가 이세돌을 이겼을 때도 그랬고, 챗GPT 열풍이 일어나자, 터미네이터 세상을 걱정하는 목소리가 나왔다. 인공지능이 인간을 지배할 것인가, 즉 강한 인공지능이 나올 것인지에 대해 전문가들도 의견이 분분하다.

기술 발전이 폭발하는 지점인 특이점을 주장한 레이 커즈와일은 인간의 모든 능력을 뛰어넘는 지능을 가진 강한 인공지능의 출현을 2030년으로 보았다. 최근 인공지능의 급격한 발전을 우려한 나머지 테슬라 CEO인 일론 머스크, 애플 공동 창업자 스티브 워즈니악, 역사학자 유발 하라리, 딥러닝 창시자 중 한명인 요슈아 벤지오 교수 등 세계적 석학과 전문가들 1,000여 명이 AI 개발 속도를 늦추자고 주장했다. 반면, AI 개발 경쟁에 참여한 구글, MS, 오픈AI 등은 이런 움직임에 동참하지 않고 개발을 계속하고 있다. 어떤 전문가는 이런 시도가 MS가 앞서나가는 속도를 늦추려는 움직임이라고 분석하기도 했다.

그러나 두 진영 모두 인간을 지배할 수 있는 강한 인공지능의 출현에 대한 확실한 논리나 근거는 없다. 막연히 인공지능 기술이 비약적으로 발전하다 보면, 갑자기 나타나는 능력(Emergence)에 의해, 인공지능도 자아가 생기지 않겠는가, 상상할 뿐이다.

인공지능의 자아

인공지능이 인간을 지배하려면, 인공지능이 인간처럼 자아를 가져야 한다. 인공지능에게 자아가 불현듯 출현할 거란 얘기는 마빈 민스키의 자아 모델이 학자들에게 영향을 줬기 때문이다. 뇌의 수많은 하부 기능들이 모여서 상위에서 자아를 형성한다는 게 민스키 자아 모델의 골자다. 그러니까 인공지능도 수많은 기능들이 엮이게 되면 어느 날 문득 수퍼에고 같은 자아가 나타날 거라는 논리다. 그러나 민스키의 자아 모델도 두뇌를 이렇게 바라볼 뿐이지, 물리적으로 인간의 자아를 연구한 것은 아니다.

그래서 인간의 자아를 뇌가 작동하는 방식으로 분석하지 말고 철학적 관점에서 생각해보자. 인간의 자아는 동물의 자아에서 고등동물로 진화하면서 조금 복잡하게 발전한 것이다. 자아의 역할을 삶의 의미를 생각하는 등 고차원적으로 생각하지 말고, 자기의 행동을 판단하는 기능으로 보면 분석이 쉽다. 바퀴벌레를 잡으려고 할 때, 바퀴벌레의 민첩하고 빠른 몸놀림이나 들키지 않으려고 멈췄다가 도망가는 움직임은 본능이다. 하지만 그런 행동은 바퀴벌레라는 곤충의 뇌에서 이뤄진 명령의 결과다. 즉 모든 생명체는 생존본능에 기반해서 두뇌가 발달했다. 유전자가 그렇게 설계됐다. 인간의 자존감도 결국 생존을 위해 만들어졌다고 해석할 수 있다.

자아는 감정과도 밀접한 관련을 맺고 있다. 갑자기 사자가 나타나면 생각할 틈도 없이 도망가는 게 상책이다. 곰이 나타나면 얼어버려서 죽은 척 하는 게 사는 방법이다. 이런 행동을 감정이 조절한다. 공포, 두려움, 찝찝함, 불쾌감, 고통 등은 모두 조심하라는 신호다. 쾌락, 행복감, 나른함, 흥분 등은 모두 뭔가를 하라는 신호다. 즉 생존에 위험이 되는 것은 피하고, 생존에 도움이 되는 건 장려하도록 만드는 게 바로 감정이다. 감정도 생존본능에 의해 만들어졌다.

인공지능은 감정이 없다. 알파고가 이세돌을 이겼지만, 그게 무슨 의미인지 알지 못했을 것이다. 챗GPT도 마치 사람 같이 말을 하지만, 그래서 챗GPT 안에는 사람 같은 존재가 있지 않을까 생각하지만, 사실 챗GPT는 자기가 한 답변을 판단할 수 없다. 인공지능은 생존본능이 없기 때문이다.

아마도 이런 생존본능의 유무가 인간과 인공지능의 가장 큰 차이 아닐까? 그러므로 유전자나 생존본능이 자아 형성에 가장 중요한 역할을 한다고 생각할 수 있다. 그래서 로봇을 설계할 때 유전자에 해당하는 제1의 명령으로 전원이 꺼져서 작동하지 못하는 걸 막는 게 모든 명령에 우선한다고 프로그램 하지 않는다. 암울한 SF 소설이나 터미네이터 류의 영화 속 가정이 틀린 곳이 이 부분이다. 인간을 지배하려는 로봇의 공통점은 인간에게 지배 받는 것이나 사라지는 것에 대해 강한 거부감을 가지고 있다. 이런 생존본능은 인간적인 것이지 로봇스러운 게 아니다.

그래서 인공지능이 인간을 지배하는 세상은 오지 않을 거라고 과감히 예측해본다.

인공지능과 일자리

인공지능의 지배와 함께 사람들은 인공지능이 내 일자리를 빼앗아갈까 두려워한다. 인공지능의 지배보다 훨씬 더 현실적인 두려움이다. 실제로 인공지능이 잘하는 부분은 인간이 인공지능에게 내줘야 한다. 책의 본문에서 챗GPT가 코딩을 잘하기 때문에, 개발자 역량에서 기획하는 부분만 사람이 담당하게 될 것이라고 예측했는데, 이런 변화는 여러 분야에서 나타날 것이다.

두 가지 가능성에 따라 일자리 문제를 생각해보자.

첫째, 인공지능이 빼앗아간 일자리보다 더 많은 수의 일자리가 생길 수 있다. 기계가 처음 나왔을 때, 컴퓨터가 처음 나왔을 때 사람들이 두려워했지만, 그 기술로 인해서 수많은 새로운 일자리가 만들어졌다. 인공지능도 마찬가지. 챗GPT 같은 생성 AI 시대에는 문제해결 능력보다 문제발견 능력이 더 중요하다. 지금까지 사람들은 주어진 문제를 해결하려고만 했기 때문에, 문제발견은 생소하다. 미지의 분야다. 앞으로 이쪽에서 얼마나 더 많은 일자리가 생길지 모른다.

둘째, 인공지능의 높은 생산성으로 일하는 사람이 덜 필요할 수 있다. 지금 사람들이 두려워하는 시나리오다. 나는 이런 시나리오도 가능성이 있다고 생각한다. 그러나 그렇게 되면 우리 사회에서 일자리를 새로 만들어도 된다. 생산성을 높여서 뭔가를 만들어내는 일자리가 아니라, 노는 일자리, 다른 사람들을 즐겁게 해주는 일자리를 새롭게 만들면 된다. 사실 인류는 이런 방향으로 산업을 발전시켰다. 엔터테인먼트 산업처럼 많은 성장 산업이 사람들의 삶에 필요한 물건이나 기능을 만드는 게 아니라, 사람들의 즐거움에 도움이 되는 일이다. 우리 사회가 서로 노력해서 이런 걸 의도적으로 만들면 된다. 필요한 일은 인공지능에게 시키고 인간은 노는 일을 하는 것이다.

노는 일자리 창출은 사회적 합의가 필요하다. 실제로 오픈AI의 CEO인 샘 알트만은 일찍이 사람들에게 기본소득을 제공하는 실험을 했다. AI가 사람들의 일자리를 급격히 빼앗아갈 때를 대비해서다. 그는 AI가 궁극적으로 새로운 일자리를 창출하겠지만, 그 변화 시기에 있는 사람들은 피해를 입을 테고, 이들에게는 기본소득을 제공할 필요가 있다고 주장한다. 알트만은 와이콤비네이터 CEO 시절 기본소득 파일럿 프로그램을 진행했다. 2018년부터 3~5년간 실험이 진행됐는데, 성인 900명에게는 3년간 매달 1,000달러, 100명에게는 5년간 매달 1,000달러, 1,800명에게는 3년간 매달 50달러, 200명에게는 5년간 매달 50달러 등 기본소득을 다르게 지급하고 결과를 비교하는 실험을 했다. 기본소득이 AI로 인한 일자리 대체의 유일한 해결책은 아니지만, 여러 가지 시나리오를 가지고 대안을 준비한 것이다. 노는 직업을 만드는 것도 그런 대안 중 하나다.